Ulrik Haagerup

Constructive News

Warum „bad news“ die Medien zerstören und
wie Journalisten mit einem völlig neuen Ansatz
wieder Menschen berühren.

Verlag Oberauer

Bibliografische Information der Deutschen Nationalbibliothek
Die Deutsche Nationalbibliothek verzeichnet diese Publikation in der Deutschen Nationalbibliografie; detaillierte bibliografische Daten sind im Internet über http://dnb.ddb.de abrufbar.

ISBN 978-3-901227-48-6

1. deutsche Ausgabe

Übersetzung: Fritz Goergen
Lektorat: Hannah J. Augsburger

Titelbild: © Corbis
Druck und Bindung: Druckerei Roser, Salzburg

Vorwort

Von Helmut Schmidt

Herausgeber DIE ZEIT und Bundeskanzler a. D. der Bundesrepublik Deutschland

Die Demokratie ist eine europäische Erfindung. Wie Zeitungen, Radio und Fernsehen. Der Westen erfand auch den Computer und das Netzwerk der Computer, das Internet. Die Globalisierung exportierte es in die restliche Welt. Das sollte Gutes bewirken, tat es aber nicht. Weil die Zivilisation des Westens eine Medien-Demokratie geworden ist, in der Medien oft einflussreicher sind als Politiker.

Die Nachrichten-Medien besitzen heute mehr Einfluss als je zuvor in der Geschichte der Menschheit. Die Medien haben die Macht ergriffen. Sie bestimmen die Agenda - sie bestimmen, wie das Volk sich selbst und die Welt sehen soll. Die Medien richten ihren Blick fast nur aufs Negative und Triviale. Weil die Medien-Leute glauben, das Publikum will das. Und weil sie damit Geld machen.

Die Folgen sind vielfältig und schwerwiegend. Erstens erhalten die Menschen ein falsches Bild der Wirklichkeit. Zweitens leidet der Westen unter einem Verlust von Führungscharakteren. Medien-Demokratien bringen keine Anführer hervor, sondern produzieren Populisten. Silvio Berlusconi fällt einem als populistisches Produkt der Medien-Demokratie ein.

Das klassische Griechenland vor 2500 Jahren und das klassische Rom vor 2000 Jahren hatten keine solchen Medien. Aber sie hatten Anführer. Die wohl besten politischen Anführer Europas der letzten 100 Jahre waren Winston Churchill und Charles de Gaulle. Beide übernahmen politische Macht, bevor sich die Demokratie in eine Medien-Demokratie verwandelte, in der Enthüllungsjournalismus nur auf die Bloßstellung von Politikern aus ist, die ihrerseits auf Stimmenfang und die Aufmerksamkeit der Massen aus sind.

Heute twittern Redaktionen und Politiker – jede Story und jede Politik mit weniger als 140 Buchstaben. Das produziert Trivialität. Nicht nur in den Köpfen der Empfänger, sondern auch in den Köpfen derer, die erzählen und beeindrucken wollen.

Die Trivialität und Negativität der Medien infiziert die Politik. Der Mangel an politischer Führung im Westen ist dabei, ihren globalen Einfluss zu schwächen. Europas Nationen haben nicht verstanden, dass sich die Weltbevölkerung im 20. Jahrhundert vervierfacht hat und zeitgleich fast alle 200 Nationalstaaten globalisiert worden sind.

Zugleich altern die Bevölkerungen aller Nationen Europas, und die von Russland und Japan ebenfalls. Während alle Europäer zusammen 1950 um die 30 Prozent der Weltbevölkerung ausmachten, werden wir 2050 nur noch 10 Prozent der Menschen dieses Planeten umfassen – am Ende des Jahrhunderts nur noch gegen sieben Prozent. Diese Zahlen zeigen, dass die europäische Integration keine Fortschritte macht – eine Folge der fehlenden Führung. Die weitere Folge ist, dass China und möglicherweise auch die muslimische Welt die Führung übernehmen werden.

Ein Wandel im Verhalten der Presse und ein stärkerer Fokus auf eine konstruktive Rolle in unseren Gesellschaften sind begrüßenswert. Ich bin nun 95 und ein Gewesener in jeder Hinsicht des Lebens. Mein Alter macht mich zum Realisten. Ulrik Haagerup ist halb so alt. Er hat das Recht, Optimist zu sein. Und an einen anderen Journalismus zu glauben, der begeisternder und auf das Wohl der Weltgesellschaft ausgerichtet ist.

Ich wünsche ihm allen Erfolg mit diesem Buch. Wir brauchen ganz sicher mehr Constructive News.

Inhalt

Einleitung

The line it is drawn
The curse it is cast
The slow one now
Will later be fast
As the present now
Will later be past
The order is rapidly fadin‘
And the first one now
Will later be last
For the times they are
a-changin‘.
Bob Dylan

Verbrechen. Terror. Kriege. Hurrikane.
Das sind Nachrichten.
Das ist unsere Welt.
Oder ist sie das gar nicht?
Wird der Planet mit seinen 194 Staaten immer gemeiner, ärmer und schrecklicher? Oder fehlt der Öffentlichkeit das ganze Bild? Weil wir, die Nachrichtenmedien, unseren Blick nur auf wenige Problemspots richten?

Journalismus ist nicht Stenografie. Journalismus ist die bestmögliche Version von Wahrheit, wie mir Watergate-Reporter Carl Bernstein einst erklärte. Seitdem ist es meine Gewohnheit, die Bordmagazine auf dem Flug in ein anderes Land durch zuschauen. In ihnen erscheint der Himmel immer blau, der Schnee frisch, die Sonne strahlend, das Essen fantastisch, wirken die Investments vielversprechend, die Girls hübsch – und sie lächeln genau so wie das Servicepersonal und der Präsident der Luftlinie. Das mag nicht alles gelogen sein. Aber zeigt ein solcher Journalismus ein wahrhaftes Bild des Lebens?

Auf keinen Fall – wenn ich die Bilder und Berichte aus den Bordmagazinen mit denen aus den Zeitungen vergleiche, die ich an jedem Flughafen bei meiner Ankunft kaufe, oder mit denen aus den nationalen Fernsehnachrichten, die ich später im Hotelzimmer sehe: Todesfälle, Morde, Unfälle, Kriege, Demonstrationen, politische Kämpfe, Korruptionsvorwürfe, Verbrechen und andere Probleme erwarten mich und lassen mich mit einem Gefühl von Bedauern zuschauen.

Liefert dieser herkömmliche Nachrichtenjournalismus wirklich die bestmögliche Version der Wahrheit? Oder ist das Bild, das unsere Nachrichtenmedien-Industrie den Lesern, Hörern, Zuschauern, also der Gesellschaft zeigen, genauso kurzsichtig und falsch wie das in den Hochglanz-Magazinen des Kommerzjournalismus, der sich als Berichterstattung ausgibt?

Warum sind die Nachrichten so negativ? Was sind die Folgen? Bieten unsere Nachrichten der Gesellschaft wirklich irgendetwas Relevantes? Muss ein guter Bericht ein schlechter sein? Wie können wir besser werden, bevor es zu spät ist? Diese Fragen haben mich während meiner 30-jährigen Tätigkeit als Journalist im Nachrichtengeschäft in ihren Bann gezogen.

Dieses Buch ist eine Suche nach Antworten. Sein Argument: Gute Berichterstattung sieht die Welt mit beiden Augen. Lässt die wichtigen Geschichten über Ebola in Westafrika nicht aus, auch nicht Hunger und Bomben in Gaza und der Ukraine, nicht die Millionen Flüchtlinge vor dem Terror in Syrien. Bringt aber auch jene Geschichten, die inspirieren und engagieren, weil sie die andere Seite zeigen: Dinge, die funktionieren, Menschen, die etwas Außerordentliches leisten, um wichtige Probleme zu lösen. Mit einem Wort: Sie zeigt das ganze Bild.

Der tiefgreifende wirtschaftliche Paradigmenwechsel durch neue Technologien, Finanzmodelle und ein verändertes Konsumentenverhalten trifft wahrscheinlich keinen anderen Sektor härter als die Nachrichtenmedien selbst. Ihre Rolle wird fundamentaler herausgefordert als jede andere. Ihre Werte werden ebenso wie ihre Organisations- und Geschäftsmodelle bis hin zum Untergang in Frage gestellt. Berichterstattung über das Ringen um die besten Lösungen gibt es kaum. Es gibt meist nur Schwarz oder Weiss. Dabei sind es die Grautöne, die in allen Bereichen des Lebens eine Weiterentwicklung vorantreiben.

Millionen Leser, Hörer und Zuschauer kehren den alten Medien den Rücken. Einer der Gründe dafür ist sicherlich, dass die Menschen krank und müde vom negativen Bild der Welt sind, das die Journalisten ihnen präsentieren. Die meisten Nachrichten-Storys sind reduziert auf Konflikt, Drama, Verbrecher und Opfer. Sie nützen weder der Presse und dem Journalismus noch den Gesellschaften, denen wir, die Medienleute, zu dienen behaupten.

Das alte Motto des journalistischen Sensationalismus, „If it bleeds, it leads", ist passé. Die Tabloidisierung von Nachrichten sogar in sogenannten seriösen Printmedien, in den Online- und Fernsehnachrichten ist zu weit gegangen. Constructive News wollen eine paralysierte und von Zynismus befallene Nachrichtenindustrie aufwecken. Dieses Buch dokumentiert, dass Constructive News weder eine Alternative zum kritischen Wachhund-Journalismus noch ein Plädoyer für harmlos positive Nachrichten sind. Dieses Buch zeigt an vielen Beispielen aus Dänemark und aus anderen Teilen der Welt, dass der umfassende Report, der Lösungen für die drängenden Probleme der Gesellschaft einschliesst, einer neuen, sinnhaften Rolle von Journalismus den Weg bahnen kann. Es ist ein Handbuch der Inspiration, wie wir es in den Redaktionen, in der öffentlichen Debatte und in unseren Demokratien besser machen können. Und es zeigt, wie sich dieser neue Ansatz positiv auf die Medien auswirkt, die sich auf Constructive News einlassen.

In der analogen Medienwelt hatte es Journalismus mit den Neuigkeiten von gestern zu tun – gedruckt in der Zeitung von heute. In den letzten zehn Jahren hat die digitale Berichterstattung den Fokus auf das Jetzt gelegt. Auf das, was in diesem Moment passiert und was in Stichwörtern wie Live-Berichterstattun, „breaking news", Eilmeldung, zum Ausdruck kommt. Constructive News geht es um das Morgen: um Geschichten, die eine öffentliche Debatte über eine bessere Zukunft anregen und für sie werben.

Warum denke ich, dass wir diesen Wandel schaffen können? Seit der Finanzkrise von 2007 hat die Welt auf die harte Art gelernt, dass der Finanzsektor besser werden muss. Als die Regierungen sich als zu schwach erwiesen, durch wirksame Kontrollsysteme zu verhindern, dass Banken erneut mit Steuergeldern gerettet werden müssen, stürzten ihre Imagewerte in den Keller. Das gleiche gilt für Religionen und für die Justiz, um noch andere Bereiche zu nennen. Anders gesagt: Wir stehen dem größten Trust Meltdown, dem größten globalen Vertrauensverlust, seit dem Ende des Zweiten Weltkriegs gegenüber. Studien zum öffentlichen Vertrauen in verschiedene Berufe zeigen meinen Beruf, den des Journalisten, ganz unten auf der Skala zusammen mit Gebrauchtwagen-Händlern und Immobilienmaklern – ja, und Politikern.

Wenn alle Bereiche der Gesellschaft sich verändern und besser werden müssen, dann ist mein Vorschlag: Wollen wir Journalisten uns ihnen nicht anschließen?

Mein Dank gilt ambitionierten Redakteuren, CEOs, Politikern, Reportern, Gelehrten, gegenwärtigen und verlorenen Lesern, Hörern und Zuschauern, die ihre Enttäuschungen, Ideen und Hoffnungen mit mir geteilt haben. Besonders danke ich den anspruchsvollen, kritischen und konstruktiven Reportern und Redakteuren beim dänischen Rundfunk. Sie zeigen täglich, dass dieser öffentliche Sender mehr erneuern kann als das Unterhaltungs-Genre des Fernsehens. Dankbar bin ich auch meinen Freunden und meiner Familie für ihre Anregungen und ihren Glauben an den Wandel zu einem besseren Journalismus zum Wohle der Gesellschaft.

Das sind Constructive News.

Ulrik Haagerup

Abschnitt 1

Was ist das Problem?

Sorry

for being negative.

2009 schaltete die britische Zeitung The London Evening Standard eine Plakat-Kampagne als Versuch, einen massiven Einbruch der Auflage zu stoppen, die zu den verlorenen Lesern „Sorry“ sagte – zu spät...

Kapitel 1

Warum seid ihr so negativ?

Die tonangebende Redaktionskultur

Houston, wir haben ein Problem.
Apollo 13 Astronaut Jim Lovell

Eigentlich wissen wir es.

Wenn wir – Verleger, Redakteure, Reporter und andere Vertreter der Presse – mit Leuten aus anderen Berufen sprechen, werden wir so gut wie jedes Mal gefragt: „Warum seid ihr nur immer so negativ?"

Routiniert erwidern wir: „Wir sind nicht negativ. Wir sind Journalisten", und fahren dann mit recht langen Erklärungen der simplen Tatsache fort, dass sich Journalismus nun einmal mit der Wirklichkeit befasst: „Stellt euch vor, wir würden nicht mehr über Terroristen berichten, die Passagierflugzeuge in Hochhäuser fliegen, nur um nicht so negativ zu sein." Daraufhin schweigen die Fragenden meist eine Weile.

Schon lange sind wir genervt von Politikern und anderen wichtigen Krawattenträgern, die uns gern zu fragen pflegen: „Warum schreibt ihr nicht auch mal etwas Positives, zum Beispiel über die tollen Dinge, die wir gerade durchgesetzt haben."

Worauf wir zurückgeben: „Kauft euch doch eine Anzeige!" – natürlich auch, um sie in Verlegenheit zu bringen. Wofür halten uns diese Leute? Wir sind weder PR-Berater noch Anzeigenverkäufer.

Bei mir begann es 1982 an meinem ersten Tag in der Journalisten-Schule. „Eine Story, die niemand wütend macht, ist bezahlt", sagte der Dozent. Das klang cool. Er hatte bei einer richtigen Zeitung gearbeitet, und wir gehörten nun auch zur Bruderschaft, die niemandem trauen darf. Uns wurde beigebracht, dass nur schlechte Nachrichten eine gute Geschichte ergeben. Wer das anders sah, hatte es einfach nur auf kostenlose Publicity abgesehen: Politiker, die in die Zeitung kommen wollen, um Stimmen für die nächste Wahl zu gewinnen. CEOs, die auf mehr Gewinn aus sind. Interessengruppen, die ihre Anliegen in die öffentliche Agenda bringen wollen.

Kritik war unser Gesellschaftsspiel und unsere Lebensphilosophie. Kritiker waren die intelligenteren Menschen. Und wir waren nun Teil der herrschenden Klasse: Wir würden Korruption aufdecken und jederzeit gegen die unbezähmbare Habgier der Eliten kämpfen. Probleme enthüllen. Macht kritisieren. Wir waren die Vierte Gewalt. Die Auserwählten. Wir würden die Welt erzittern lassen.

Gern zitierten wir unsere Vorbilder wie den ehemaligen Herausgeber der *London Sunday Times*, Harold Evans: „Bevor du einen Politiker interviewst, frage dich immer: Warum belügt mich dieser Bastard?"

Wir sahen uns den Film *All the President's Men* (dt.: Die Unbestechlichen) an, in dem die Helden unseres neuen Berufes wie Dustin Hoffmann und Robert Redford aussahen. Sie zeigten uns, was Journalismus kann und soll: Wir konnten Präsidenten stürzen, wenn wir nur so gerissen, ehrgeizig und kompromisslos waren wie Bob Woodward und Carl Bernstein, und wenn wir nur gründlich genug nach einem „Deep Throat" suchten.

Ein Problem gab es allerdings: Wir haben keinen Präsidenten in Dänemark. Also mussten wir uns an CEOs halten, an Minister, Abgeordnete, Anwälte, Polizisten, Priester und andere Autoritäten.

Fast jedes Jahr wird die danische Version des Pulitzer-Preises vergeben, der Cavling-Preis. Er geht an Journalisten, die ein Problem aufdecken und die Verantwortlichen benennen. Eine echte Story braucht einen Konflikt, ein Drama, einen Verbrecher oder ein Opfer. Damit sie nicht langweilt, muss sie kurz sein, kantig und mit möglichst wenigen Zwischentönen. So wollen es die Bluthunde da draußen, und so kriegen sie es. Weil das Journalismus ist, und weil wir das schon immer so gemacht haben. Und die Besten von uns bekommen dann den Preis.

Es ist schwierig, Gewohnheiten zu ändern.

Um nicht falsch verstanden zu werden: Ich liebe meinen Beruf und möchte Journalisten nicht zu Pfadfindern machen. Ich habe jahrelang als investigativer Reporter gearbeitet. Zusammen mit zwei Kollegen habe auch ich einmal den Cavling-Preis bekommen – für die Aufdeckung eines Betrugs im Finanzsektor. Ich bin stolz auf meine Mitgliedschaft im *International Consortium for Investigative Journalism.* In meinen Augen sind echte Journalisten in der Tat so etwas wie Wachhunde: Unabhängig, unbestechlich und immer auf der Suche nach der bestmöglichen Version der Wahrheit. Wir sind der wichtigste Beruf in jeder Demokratie. Überall wo die Presse nicht mehr kritisch über die Regierung berichten kann, ohne Gefängnis, Tod oder andere Unannehmlichkeiten zu riskieren, ist der Journalismus unfrei, ist die Demokratie tot.

Das war damals meine Meinung. Und das ist sie auch noch heute, mehr als 30 Jahre später.

Aber zunehmend beunruhigt mich, wie wir in der Medienindustrie, in den Verlagen, Redaktionen, als Herausgeber und Reporter mit unserer Macht und unserem Einfluss auf Gesellschaft, Politik und die gemeinsame Zukunft umgehen. Nutzen wir unseren Gesellschaften? Oder haben die letzten Jahrzehnte unsere Identität angekratzt, unsere Moral, unser Weltbild und unsere innere Redaktionskultur? Was ist geschehen?

Ihr könnt besser sein

Ein Gespräch aus dem Juni 2010 liefert eine mögliche Antwort: Ein Jahr vor seinem Tod hatte Steve Jobs eingewilligt, sich mit Rupert Murdoch zu treffen. Hier der Gründer von Apple, der innerhalb von zwei Dekaden sowohl den Personal Computer revolutioniert hatte, als auch den Walkman, das Telefon, die Musik- und die Film-Industrie mit ihren Distributionswegen. Dort der CEO von *News Corporation*, der globale Riese der Medienwelt, dem *Sky News* und *Fox News* ebenso gehören wie das *Wall Street Journal*, die *Times of London* und verschiedene Boulevardblätter wie die britische *Sun*. Murdoch wollte, dass Apples iTunes Store für das Printgeschäft tut, was die digitale Plattform schon für die Musikindustrie getan hatte: ein legales Modell für den bequemen Kauf von digitalen Inhalten zu schaffen. Jobs' Biograph Walter Isaacson berichtet, wie der Apple-Chef Murdoch daraufhin erklärte, dass die Probleme des Nachrichtengeschäfts nicht nur mit zerbrechenden Finanzmodellen und mit einer zu langsamen Umstellung auf das digitale Zeitalter zusammenhängen, sondern vor allem mit seiner Mentalität, seinen Inhalten und seiner Rolle in der Gesellschaft:

„Die Achse verläuft heute nicht mehr zwischen liberal und konservativ", erläuterte Jobs beim gemeinsamen Abendessen seine Sicht des Wandels in den Nachrichtenmedien. „Die Achse verläuft zwischen konstruktiven und destruktiven Inhalten; und Sie haben sich auf die destruktive Seite geschlagen. *Fox* ist zu einer unglaublich destruktiven Kraft in unserer Gesellschaft geworden. Sie können es besser machen, denn wenn Sie nicht aufpassen, wird das sonst Ihr Vermächtnis." Ein Jahr später sah sich Murdoch gezwungen, das britische Boulevardblatt *News of the World* zu schließen. Reporter hatten die Telefonate von Prominenten abgehört. Der Skandal hatte der Reputation des Unternehmens erheblichen Schaden zugefügt.

Medienbild von NewsCorporation fast so schlecht wie von Tepco nach Atomunfall

Bewertung der meistgenannten Unternehmen in internationalen TV-Nachrichten Januar bis Dezember 2011

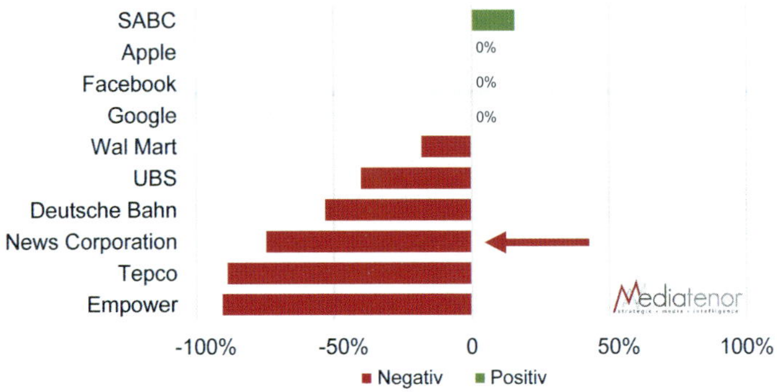

Basis: 10.960 Berichte über Unternehmen in internationalen TV-Nachrichten

Was ist da genau schiefgelaufen? Und stimmte Jobs Analogie von einem Achsenverlauf im Nachrichtengeschäft, der sich nicht mehr nach politischen Lagern richtet, sondern nach den unterschiedlichen Funktionen, die Nachrichten in der Gesellschaft haben, also danach, ob sie konstruktiv oder destruktiv sind?

Der traditionelle Nachrichtenjournalismus geht auf vier gesellschaftliche Trends zurück, die in den 1970er-Jahren als Folge des Watergate-Skandals in die Redaktionen Eingang fanden, wie der Harvard-Professor Thomas E. Patterson in seinen Büchern *Out of Order* und *The Vanishing Voter* eindrucksvoll belegt:

1. Der erste Trend war in den späten 1960er- und frühen 1970er-Jahren die Kommerzialisierung von Nachrichten in

den Boulevard-Medien. Die Boulevardmedien führten einen Journalismus ein, der sich gegen die sogenannten seriösen Medien abgrenzte. Sie wollten eine breitere Schicht ansprechen, indem sie auf Unterhaltung setzten und über Verbrechen, Skandale, Sex, Prominente und Sport berichteten. Sie inszenierten sich als die Stimme des kleinen Mannes gegen das System. Sie vereinfachten die aufgegriffenen Themen und gingen in der politischen Berichterstattung nicht mehr auf die sachlichen Hintergründe, auf die zugrundeliegenden politischen Programme ein, sondern nur noch auf persönliche Geschichten bei den Protagonisten. Diese Methode schwappte schnell in die Fernsehnachrichten über und verbreitete sich von dort auch in die Tageszeitungen, Wochenmagazine und Sonntagszeitungen.

2. Der zweite Trend war die anti-autoritäre Revolte der 1968er-Bewegung. Sie zog viele politische Aktivisten in den Nachrichtenjournalismus, der ein wichtiges Instrument wurde, um soziale Ungerechtigkeit auf die öffentliche Tagesordnung setzen und das politische Establishment für gesellschaftliche Missstände verantwortlich machen zu können.
3. Der dritte wichtige Trend ergab sich aus den Folgen des Watergate-Skandals, seiner Aufdeckung durch die *Washington Post* und der Veröffentlichung der *Pentagon Papers* durch die *New York Times.* Was die beiden Herausgeber Bob Woodward und Carl Bernstein in ihren Zeitungen geleistet hatten, war in den Augen einer neuen Generation von Journalisten der Beweis für die Macht der freien Presse und für das

berechtigte Misstrauen in die politische Macht. Der Watergate-Skandal brachte journalistische Helden hervor und definierte wirklich große, investigative Berichterstattung.

4. Der vierte Trend sind massive Investitionen in PR und Marketing durch diverse Interessengruppen, die Wirtschaft und politische Parteien: Ihre Vertreter wissen, dass Realität durch Wahrnehmung bestimmt wird. Sie nutzen daher jedes Mittel, damit die Öffentlichkeit die Welt durch ihre Augen sieht. Sie setzen darauf, dass journalistische Berichterstattung kostengünstiger ist und glaubwürdiger wirkt als reine PR. Also versuchen sie, die Berichterstattung zu beeinflussen. Sie sind sehr effektiv im Präsentieren der richtigen Probleme, der perfekten Opfer und der dramatischsten Konflikte. Damit sprechen sie das Beuteschema der meisten Nachrichtenorganisationen direkt an.

Die Frage ist nun, wohin diese vier Trends den Journalismus, die Nachrichtenmedien und die öffentliche Debatte gebracht haben?

Was ist der Job?

Eine Studie des US-amerikanischen Non-Profit-Forschungsinstituts *Public Agenda* über Einstellungen gegenüber der Presse hatte 1997 zum Ergebnis, dass 79 Prozent der Befragten folgender Behauptung zustimmten: „Die Aufgabe eines Reporters ist es, über schlechte Nachrichten zu informieren".

In vielen westlichen Ländern ist die Presse immer noch besser als ihr Ruf. Dort trägt der große Anteil an gutem Journalismus dazu bei, dass die Menschen informiert sind, klüger werden und sich eine eigene Meinung bilden können. Dennoch beobachte ich, dass allzu viele Nachrichten geistlos, negativ und trivial geworden sind. Wir, die wir dafür bezahlt werden, die Welt für andere zu betrachten, tun das viel zu oft mit einer verzerrten Perspektive, die sich durch Kleinkariertheit und konventionelle Denkweisen ergeben hat. Ich beobachte auch, dass wir, die Medienvertreter, nicht mehr nur zum Wohle unserer Gesellschaften arbeiten, von denen wir immerhin unser Einkommen beziehen. Vielmehr weigern sich immer mehr Journalisten sogar explizit, dies zu tun.

Die Krise der Medien hat ihre Ursache nicht nur in der Digitalisierung und in zusammenstürzenden Geschäftsmodellen. Sie rührt auch daher, dass unsere Kunden – Leser, Zuschauer und User – in immer größerer Anzahl dem traditionellen Nachrichtenjournalismus den Rücken kehren. Diese Abstimmung mit den Füßen untergräbt die alten Medien. Da die Verleger über viele Jahrzehnte nur zweistellige Profite kannten, hatten sie verlernt, mit Krisen umzugehen. Ein häufiger Lösungsansatz ist die verschärfte Boulevardisierung: Journalismus neigt dann zur Dramatisierung, zur Zurschaustellung von Konflikten, zur Inszenierung von Verbrechern und bemitleidenswerten Opfern. Dazu treten Storys über die günstigsten Angebote von Flachbildschirmen, damit auch die Anzeigenkunden auf ihre Kosten kommen. Und alles natürlich möglichst perfekt mit So cial Media verknüpft. Als ob es nicht primär um die Qualität der Berichterstattung gehen sollte – und nicht um ihre Aufmachung oder Zugänglichkeit. Wenn das eigentliche Produkt an Qualität verliert, dann ist es irrelevant, ob es eine zusätzliche schicke Farbe erhält oder für jedermann ohne Aufwand zugänglich ist. Was keinen tragenden Wert mehr hat, verliert seine Daseinsberechtigung – trotz der vielen digitalen Tricks.

Die Folgen dieses medialen Fokus auf Negatives, Fehlerhaftes und Dysfunktionales sind massiv. Nicht nur sinken die Auflagenzahlen, die Werbeeinahmen und die Reichweite, er beeinflusst auch den mentalen Zustand von Konsumenten, die ihr Bild von der Wirklichkeit der Presse und dem Fernsehen entnehmen. Wenn Politik, Wissenschaft, Kultur und Wirtschaft nur noch in Zerrbildern vermittelt werden, lenkt das den Blick von der Politik weg und hemmt dadurch Wandel und Fortschritt, durch die sich Gesellschaften erst weiterentwickeln. Die negative Ausrichtung der Medien gefährdet daher den politischen Prozess und die Demokratie.

Roland Schatz ist der Gründer und CEO von *Media Tenor*, eines internationalen Forschungsinstitutes mit Sitz in der Schweiz und Niederlassungen in Europa, den USA, Afrika und Asien. Seit 1993 analysiert Schatz mit seinem Team im Auftrag von Universitäten, Regierungen, Verlagen und anderen Kunden weltweit die Medien. Seine Botschaft hören Redaktionen nicht besonders gern: „Negativität ist eine Krankheit. Sie hat inzwischen auch die seriösen Zeitungen, Magazine und vor allem die Fernsehsender im gesamten Westen erfasst. Unsere Studien zeigen, dass bis zu 60

Prozent aller Nachrichten Tag für Tag Entwicklungen zeigen, die problematisch sind – abhängig vom jeweiligen Land und seinen Medien. Das Problem ist jedoch, dass die Welt so nicht ist. Die Medien bleiben trotzdem fieberhaft dabei, ein viel zu dunkles Bild der Wirklichkeit zu zeichnen."

Schatz, der seine Forschungsergebnisse mit Redaktionen und Universitäten teilt – von der Harvard University bis zur Ho Chi Minh Academy – unterstreicht, dass die in den Medien dargestellten Fakten in der Regel durchaus korrekt sind: „Das Problem ist nicht, dass die Daten falsch sind. Das Problem ist vielmehr, dass das Gesamtbild falsch ist, weil die meisten Berichterstatter systematisch Fakten ignorieren, die nicht in ihre überkommenen negativen Nachrichten-Raster passen. Sie berichten zum Beispiel ganz zutreffend, dass deutsche Konzerne Mitarbeiter entlassen – sie verschweigen aber, dass kleine Unternehmen und Familienbetriebe insgesamt mehr Menschen einstellen, als die großen entlassen haben. Die Öffentlichkeit und die Politik erhalten dadurch den falschen Eindruck, dass die Arbeitslosigkeit steigt, während sie tatsächlich jedoch sinkt. Diese journalistische Negativitäts-Krankheit erzeugt Angst und Ignoranz. Das ist schlecht für die Presse selbst – aber vor allem auch für ihre Abonnenten. Sie ist verheerend für die Politik, die Wirtschaft und die Wissenschaft, die sich von dieser Berichterstattung unverändert beeinflussen lassen. Letztendlich unterminiert diese Negativität unsere Zukunft. Ich halte das für eine der gefährlichsten Tendenzen in unseren Demokratien – die Entwicklungen in Italien, Frankreich, Spanien oder Griechenland sind erste Indikatoren, wohin sich Gesellschaften entwickeln, wenn dem Souverän – nicht nur beim Urnengang - relevante Informationen vorenthalten werden."

Keine Panik

Denken wir zum Beispiel an Afrika. Was sehen wir? „Menschen hungern, Kinder sterben an Krankheiten, Mütter mit HIV, endlose Kriege, Depression und wenig Hoffnung", werden viele antworten. Weil die Medien das so berichten – und weil es auch diverse Hilfsorganisationen und NGO-Kampagnen so darstellen. Nicht dass es falsch wäre, dass Hunger in Gegenden, in denen Ernten aus welchen Gründen auch immer keinen Ertrag bringen, ein großes Problem ist. Nicht dass es falsch wäre, dass Malaria und AIDS immer noch tausende Menschen töten. Und ja, es stimmt: Die Bürgerkriege im Sudan, in der Demokratischen Republik Kongo und in Zentral-Afrika sind entsetzlich und scheinen endlos zu sein. Aber ist dies das ganze Bild eines Kontinents mit etwa einer Milliarde Einwohnern?

Nein, sagt der schwedische Professor für Internationale Gesundheit Hans Rosling, der seine statistischen Fähigkeiten gern einsetzt, um wenig bekannte globale Fakten darzustellen. Nur wenige Menschen wissen, dass in einigen ostafrikanischen Ländern wie Ruanda das Bruttonationaleinkommen ähnlich stark wächst wie in China. Dass die Mittelklasse sich im Afrika südlich der Sahara verdoppelt hat. Dass immer mehr Regierungen in afrikanischen Staaten nicht mehr durch Revolutionen abge-

Konflikte und Kriminalität beherrschen die TV-Nachrichten

Top-Themen der TV-Nachrichten in Deutschland, Österreich und der Schweiz
Januar bis Dezember 2014

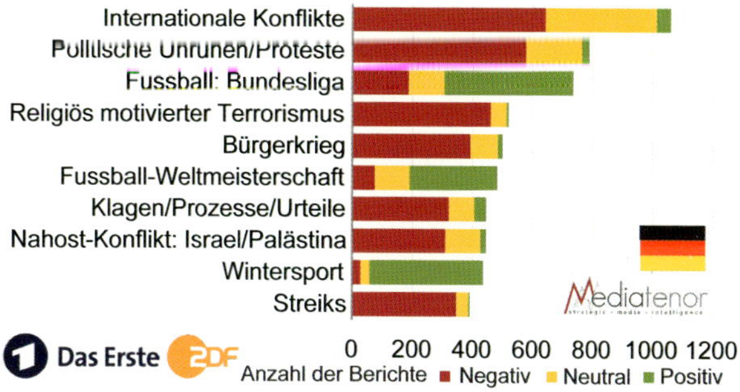

Basis: 26.429 Nachrichtenbeiträge in ARD Tagesschau und Tagesthemen, ZDF heute und heute journal

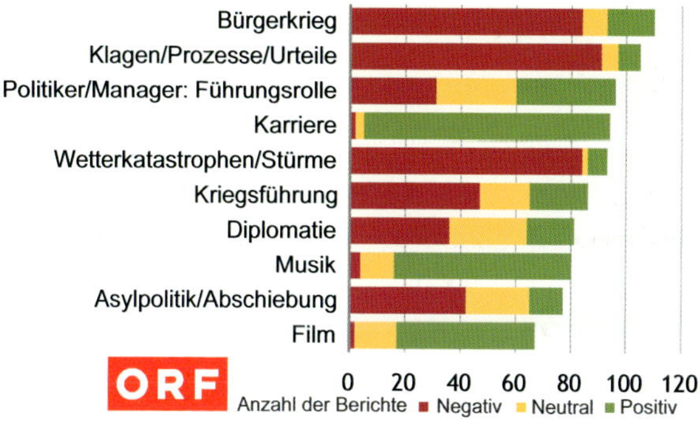

Basis: 4.771 Nachrichtenbeiträge in ORF ZIB 1

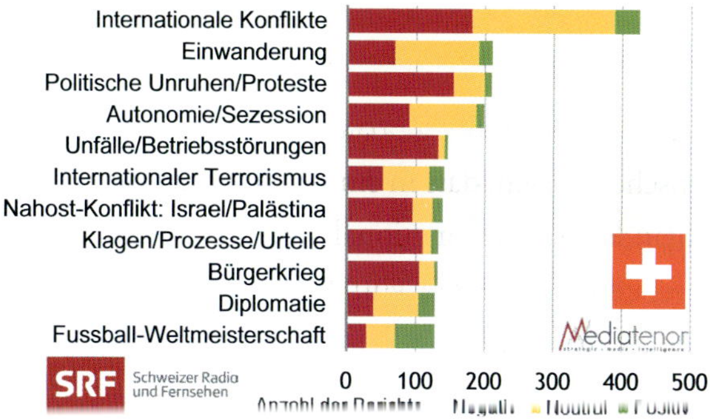

löst werden, sondern durch demokratische Wahlen. Oder dass in vielen Ländern Afrikas, in denen Fettleibigkeit inzwischen weiter verbreitet ist als Mangelernährung, Diabetes ein größeres Problem geworden ist als AIDS.

In einer seiner Reden für die UNO mit dem Titel *Don't Panic*, die auch auf seiner unabhängigen Website *Gapminder.org* nachzulesen ist, sagt Rosling: „Die Unterschiede zwischen den verschiedenen Teilen Afrikas sind immens. Aber insgesamt verbessert sich die Lage in Afrika zweifellos. Die Kindersterblichkeit sinkt rapide. Die Lebenserwartung steigt, genauso wie die Zahl der Menschen, die lesen und schreiben können."

Als Professor am Karolinska-Institut in Stockholm testete Rosling das Wissen seiner Studenten und Kollegen über grundlegende globale Fakten. Dabei stellte sich heraus, dass die Akademiker schlechter abschnitten als eine Testgruppe von Schimpansen, also schlechter als zufällig.

„Derart falsche Antworten konnten nicht durch schlichtes Raten entstanden sein. Sie mussten auf vorgefasste Meinungen zurückgehen, die auf systematische Weise zu dieser Unwissenheit führten und sie aufrecht erhielten. Nur Vorurteile können dazu führen, dass wir schlechter als der Zufall liegen", erklärt Rosling.

Seine Organisation *Gapminder* hat auch die Kenntnisse der Bevölkerungen aus Schweden, Großbritannien und den USA in großen, repräsentativen Meinungsumfragen getestet – von Menschen also, die sich selbst in der Regel als gut gebildet und belesen einschätzen. Die Ergebnisse sind interessant.

Die Befragten aus den drei Ländern waren sich sicher, dass die globale durchschnittliche Kinderzahl je Frau 4,5 beträgt. Richtig sind 2,5. Zwei Drittel der Befragten glaubten, die Weltarmut hätte sich seit den frühen 1990ern verdoppelt. Nach den Daten der Weltbank hat sich die Zahl der Menschen, die global in Armut leben, in den letzten 30 Jahren jedoch mehr als halbiert, sie sank von 42 Prozent 1981 auf 17 Prozent 2010 – auf einen Anteil, der so niedrig liegt, wie nie zuvor.

Die Teilnehmer wurden weiterhin gefragt, wie hoch der Anteil von Kindern in der weltweiten Bevölkerung nach Meinung von UN-Experten im Jahr 2100 liegen würde. Zur Auswahl stand eine Zahl von zwei, drei oder vier Milliarden Kindern. Weniger als sieben Prozent der US-Amerikaner hatten die richtige Antwort gewählt, wonach kein Anstieg des derzeitigen Anteils von zwei Milliarden Kindern erwartet wird. Die Praxis der Geburtenkontrolle ist weit verbreitet, der Wohlstand steigt, und nationale und UN-Programme zur Geburtensenkung haben Erfolge gezeitigt. In 40 Jahren sank die Zahl der Kinder je Frau in Bangladesch, einem der bevölkerungsreichsten Staaten der Welt, von 7 auf 2.

„Statistische Tatsachen kommen nicht von allein zu den Menschen, ganz im Gegenteil", sagt Rosling. „Die meisten Menschen haben ein Weltbild, das auf der Verallgemeinerung von subjektiven Erfahrungen beruht. In den Medien bauschen Ereignisse mit ‚Nachrichtenwert' das Ungewöhnliche auf und richten die Aufmerksamkeit auf schnelle Veränderungen. Langsame und anhaltende Veränderungen in bedeutsamen

Entwicklungstrends erhalten weniger Beachtung. Es besteht die Gefahr, dass unsere Politiker und wir alle die falschen Entscheidungen treffen, wenn wir sie auf ein falsches Bild von der Welt gründen."

In Dänemark hat die Frustration über die klassischen Nachrichtenmedien zu *The World's Best News geführt*, einer sehr ungewöhnlichen Initiative von Regierung und UNO. Ihr Ziel ist es, den traditionellen Fokus der Medien auf Not und Leid zu umgehen und dadurch die Einstellungen der Dänen zu ändern. Das Interessante an der Initiative sind nicht nur die verbreiteten Botschaften, sondern auch die Kommunikationskanäle. Statt zu versuchen, positive Berichte in den Nachrichtenmedien unterzubringen oder teure Anzeigen zu schalten, wählten die Organisatoren Milchkartons, Apfel- und Brottüten für ihre Botschaften.

„Mehr als je zuvor ist es heute entscheidend, Plattformen für Erfolgsgeschichten zu schaffen. Wie viele Menschen wissen zum Beispiel, dass in den letzten Jahren 1,8 Milliarden Menschen einen Zugang zu sauberem Wasser gewonnen haben?", erklärt Thomas Ravn-Pedersen, Vorsitzender von *World's Best News.*

„Die neuesten UN-Zahlen belegen, dass wir – allen großen Herausforderungen zum Trotz – signifikante und anhaltende Verbesserungen im Lebensstandard von hunderten Millionen Menschen in Entwicklungsländern zustande gebracht haben. Die große Mehrheit der Kinder in Entwicklungsländern erhält Bildung, und immer weniger Menschen sterben an Malaria", sagt der ausgebildete und erfahrene Berufsjournalist Ravn-Pedersen. „Wir wollen solche Geschichten erzählen. Als klar wurde, dass es zu schwierig wird, die traditionellen Medien dafür zu gewinnen, haben wir einen genauso effektiven Weg gefunden, diese Botschaften zu verbreiten."

Die *World's Best News* erzählen Geschichten wie diese:

- 90 Prozent der Weltbevölkerung haben Zugang zu sauberem Trinkwasser.
- 2014 starben täglich 17.000 weniger Kinder als 1990.
- Die Abholzung von Wäldern hat um 1,25 Millionen Hektar jährlich abgenommen.
- Seit 2000 ist die Zahl der Malaria-Toten um 42 Prozent gesunken.

Bill Gates, der Gründer des IT-Giganten *Microsoft*, macht sich in seinem jährlichen Newsletter der *Bill & Melinda Gates Foundation* Gedanken, warum die Welt ein viel besserer Ort ist, als die meisten Menschen meinen: „Über schlechte, dramatische Nachrichten in Zeitungen und im Fernsehen zu berichten, ist für Reporter leicht. Gute Nachrichten dagegen ereignen sich in Slow-Motion und ohne Drama. Die Staaten werden insgesamt wohlhabender, aber es scheint schwierig, davon Bilder zu verbreiten. Die Gesundheitssituation der Menschen verbessert sich, aber niemand lädt zu einer Pressekonferenz über die Anzahl der Kinder, die *nicht* mehr an Malaria sterben."

Journalistischer Zynismus

Dass *The World's Best News* auf Milchkartons statt in Printmedien, im Rundfunk oder Fernsehen verbreitet werden, finden auch immer mehr Regierungsmitglieder symptomatisch. Sie sind zunehmend frustriert über die Boulevardisierung von Nachrichten. So äußert sich der Sprecher des dänischen Parlaments, der frühere Finanz- und Außenminister Mogens Lykkewtoft: „Es gefährdet die Demokratie, wenn die Medien mit ihrem Sensationalismus ein immer breiteres Publikum anziehen wollen. Als eigentlich vierte Säule der Macht übernehmen die Medien inzwischen am wenigsten Verantwortung in der Gesellschaft. … Als Volk macht uns dieser Trend weder klüger noch weiser. Und auch die Gesellschaft entwickelt sich nicht weiter."

In ihrem Grundsatzreferat auf der internationalen *NewsXchange* Konferenz vom November 2013 in Marrakesch sprach die erfahrene *CNN*-Reporterin Christiane Amanpour eine Warnung an unsere Profession aus: „Wir müssen weiter darüber nachdenken, was genau wir eigentlich machen und wie wir es schaffen wollen, weiter jeden Tag relevant zu sein. … Wir müssen Regierungen und Autoritäten weiterhin zur Rechenschaft ziehen, ohne dabei einen Zynismus zu produzieren, der auf der falschen Annahme gründet, dass alle Politiker und alle Behörden irgendwie korrupt, Kriegsverbrecher oder Ähnliches sind. Wenn wir das tun, laufen wir Gefahr, die Zivilgesellschaften zu unterminieren, indem wir jede Form von Autorität als nutzlos, hoffnungslos und arbeitsunfähig darstellen."

Diese Sorge über einen zunehmenden journalistischen Zynismus findet ihre Bestätigung in einer Studie, die die Nachrichtenagentur *Associated Press* 2008 veröffentlichte. Danach fühlten sich junge Konsumenten „durch eine Flut an Informationen und durch frustrierende Erfahrungen mit Nachrichten geschwächt." AP zufolge ist diese Ermüdung bei den Befragten mit der weitverbreiteten Meinung verbunden, dass Nachrichten heute ausnahmslos negativ seien. Auch zeigte sich eindrucksvoll, dass diese Negativität von Nachrichten (über Tragödien, Krisen, Krieg und Terror) dazu führte, dass sich die Befragten ganz von den traditionellen Medien abwenden wollten.

Eine Umfrage unter Dänen durch das Marktforschungsinstitut *Analyze Denmark* für *DR* im Dezember 2011 bestätigt die allgemeine Unzufriedenheit mit den herkömmlichen Nachrichten:

- 75 Prozent der Zuschauer geben an, sie hätten keine Lust mehr, die Streitereien von Politikern im Fernsehen zu verfolgen.
- 50 Prozent finden, dass Nachrichtensendungen sich zu stark auf Konflikte konzentrieren.
- Fünf Prozent wünschen sich mehr Berichte über Konflikte.
- 83 Prozent der Befragten hätten dagegen gern mehr Berichte über inspirierende Lösungsansätze für die heutigen Herausforderungen an die Gesellschaft und die globale Weltgemeinschaft

Und so schalten die Zuschauer ab. Millionen junger Leser und Zuschauer wenden sich von den klassischen Medien ab oder noch schlimmer, schalten sie überhaupt nicht mehr ein. Stattdessen wenden sie sich anderen Medien zu, wie Facebook, der populärsten Plattform in den Social Media. Dort können sie sich auf ihre eigenen Interessen konzentrieren, auf ihre Freunde, auf ihr Selbstbild. Dort finden sie sich weniger mit Weltbildern konfrontiert, die den eigenen widersprechen.

Irrelevanter Inhalt

Erik Rasmussen ist CEO des internationalen, dänisch finanzierten Thinktanks *Monday Morning*. Er war Chefredakteur von Nachrichtenmagazinen und Wirtschaftsblättern, und er nimmt regelmäßig am Weltwirtschafts-Forum in Davos teil. Seine Kritik an den alten Medien hört sich gnadenlos an:

„Wenn die Medien, vor allem die Nachrichten-Organisationen, noch an ihre Verantwortung für die Demokratie glauben und sich als eine ihrer tragenden Säulen verstehen wollen, dann ist es jetzt an der Zeit, das auch zu beweisen. Sie müssen ihre Rolle wieder mit Leben erfüllen. Wenn sie das nicht tun, höhlen sie ihre eigene Bedeutung aus und laufen Gefahr, zu Recht dafür kritisiert zu werden, dass sie die Demokratien schwächen, statt sie zu stärken. ... Wir sehen, wie Zeitungen in der gesamten westlichen Welt deutlich an Auflage verlieren und daher versuchen, ihre Kosten zu senken. Doch die Ursachen für die Verluste liegen nicht nur in der Konkurrenz durch die neuen, digitalen Medien. Der Hauptgrund ist, dass die alten Medienorganisationen ihre Aufgaben und Verantwortlichkeiten nicht rechtzeitig neu definiert haben. So wie eine fortgesetzte Kostensenkung keine geeignete Strategie zur Lösung der Probleme ist, liegt die Zukunft auch nicht in neuen Finanzierungsmodellen im Web. Die Lösung wäre ein ernsthafter Perspektivwechsel. Das Problem sind nicht die Medien selbst oder ihre Vertriebswege. Dass ihre Inhalte immer nutzloser werden, das ist das Problem."

Rasmussen lässt es damit nicht bewenden: „Die meisten Nachrichtenmedien verfolgen heutzutage mit ihrem Journalismus die Strategie, Neues auf die Agenda zu setzen und dazu den Fokus auf Ereignisse und Personen zu richten. Ihre Berichte über Konflikte und Krisen werden durch den weit verbreiteten Einsatz von Kommentatoren und durch Umfragen erweitert. Der Ehrgeiz scheint sich in jeder Redaktion zu gleichen: Es geht darum, der Erste zu sein, der den nächsten politischen Skandal auslöst und/oder einen Minister kippt – oder noch besser die ganze Regierung. Nichts deutet darauf hin, dass diese Strategie die Medien retten wird. Im Gegenteil, damit wird riskiert, dass Journalisten weiterhin zu den unglaubwürdigsten Gruppen in der Gesellschaft zählen."

In der zuletzt *in Dänemark* herausgegebenen *Liste des öffentlichen Vertrauens in die Berufe* stehen Krankenschwestern, Ärzte und Polizisten an der Spitze; Journalisten und Politiker finden sich dagegen ganz am Ende, wo sie mit Immobilienmaklern und Gebrauchtwagenhändlern um die schlechtesten Plätze konkurrieren. Nach dem Abhörskandal um Murdochs Boulevardblätter 2011 zeigte eine Studie des Meinungsforschungsinstituts *YouGov* aus Großbritannien, dass nur noch 38 Prozent der Briten den Inhalten ihrer Zeitungen vertrauen.

Nur knapp 10% der Unternehmens-Berichterstattung befasst sich mit der Zukunft

Anteil Zukunftsbezug und Vergangenheitsbezug in der Unternehmens-Berichterstattung, 1/2012-3/2015

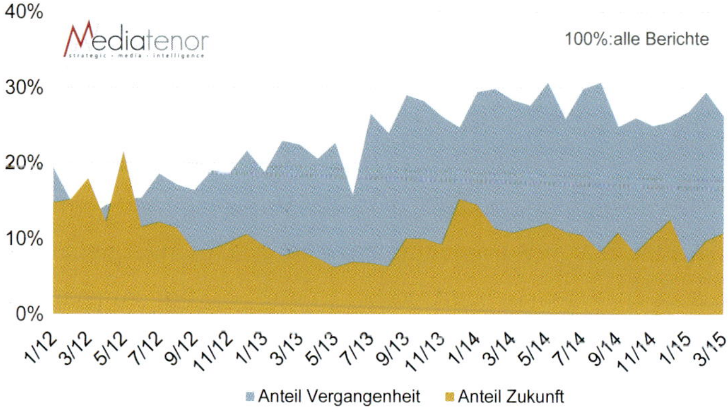

Basis: 212,702 Berichte in 19 deutschen Meinungführermedien

Dänemark: Geringes Vertrauen in Journalisten

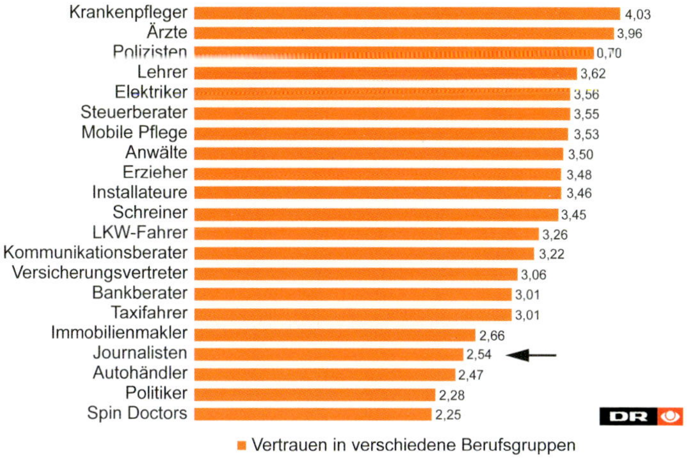

Die Methode des herkömmlichen Journalismus ist es, bei der Dokumentation eines Problems stehenzubleiben und dem verantwortlichen Minister oder CEO dann dazu eine Frage zu stellen. Dieser wird seinen Vorgänger beschuldigen, mehr Geld oder mehr Kontrolle verlangen. Oder er wird, was immer beliebter wird, die Medien für die Probleme verantwortlich machen, was dazu führt, dass Herausgeber und Verleger zurückschießen und die entsprechenden Politiker nun ihrerseits des Angriffs auf die Pressefreiheit beschuldigen. So kommen wir jedenfalls nicht weiter.

Stellen wir uns dagegen einmal vor, wir in den Medien würden bei uns selbst anfangen: Wir würden das verändern, was uns stört. Wir würden uns selbst genauso kritisch sehen wie die Vertreter der politischen Macht, wir würden unsere eigenen schlechten Angewohnheiten genauso überprüfen wie die von anderen.

Stellen wir uns vor, wir hätten den Mut, in einen Dialog darüber zu treten, wie wir zusammen unsere Arbeit verbessern können. Wir würden weniger Kraft darauf verwenden, aufeinander zu schießen, Differenzen hervorzuheben und darüber zu streiten, wer nun am meisten Schuld trägt. Stellen wir uns vor, wir könnten uns stattdessen gegenseitig inspirieren, neue Wege für den Journalismus zu finden, für die Medien, die Politik, die Gesellschaft – und somit für die Zukunft.

Vielleicht könnten wir uns darauf einigen, dass guter Journalismus auch inspirierend sein und Geschichten über Chancen und Erfolge erzählen kann. Geschichten, die zeigen, dass die Welt nicht nur verrückt, bösartig und gefährlich ist, sondern auch voller Möglichkeiten, Hoffnung und Freude. Geschichten, die zeigen, dass es Menschen gibt, die neue Dinge wagen, weil sie noch von einem besseren Morgen träumen. Vielleicht könnten wir die gängigen Kriterien für den Nachrichtenwert eines Inhalts erweitern: um *Constructive News*. Und zwar im Sinne Albert Einsteins, der einst sagte: „Probleme kann man niemals mit derselben Denkweise lösen, durch die sie entstanden sind."

Es ist Zeit für einen Aufstand gegen die Boulevardisierung der Nachrichten. Es ist Zeit, die Zwangsjacke abzustreifen, in der die Boulevardblätter und inzwischen sogar die sogenannten seriösen Medien stecken. Die Konzentration der Regenbogenpresse auf kurzweilige Unterhaltung, aufregende Dramen und grob vereinfacht dargestellte Konflikte hat einen enorm großen Einfluss auf den Journalismus. Der vom Boulevard ausgehende Anspruch, sich im Namen des kleinen Mannes gegen das angeblich böse System zu richten, galt jahrelang als ein Erfolgsgarant in der Medienbranche. Aber auch die sogenannten seriösen Medien müssen erkennen, dass sie mit ihrer elitären Haltung, von oben herab zu den Massen oder über sie hinweg zu sprechen, viele Leser direkt in die Arme der Boulevardblätter und Magazine getrieben haben. Deren Strategie, vor allem kurzweilige Unterhaltung für das Publikum zu produzieren, prägt inzwischen auch die Fernsehnachrichten: „Mach es kurz, mach es einfach, mach es schnell, mach es dramatisch und undifferenziert, damit der Konflikt eindeutig erscheint."

Dieses Konzept scheint durch, wenn beispielsweise jemand, der für ein Amt kandidiert, eine neue Idee umsetzen möchte: Er wird ins Fernsehstudio gezerrt und dort seinem ärgsten politischen Feind gegenübergestellt. Dieser wiederum wird mit Sicherheit damit beginnen, dem Interviewer und dem Publikum zu erläutern, warum die Idee des Kandidaten die lächerlichste Idee aller Zeiten ist, um dann dazu überzugehen, die Intelligenz seines Gegners anzuzweifeln und seine Vertrauenswürdigkeit und Moral in Frage zu stellen. Kann der Interviewer eine Prügelei gerade noch verhindern? Diese Inszenierung wird am Ende ‚gutes Fernsehen' genannt. Es kann gern auch zu einem kleinen verbalen Gefecht kommen, für das eine Minute und 40 Sekunden angesetzt sind, bevor der Moderator routiniert unterbricht: „Ich denke, Sie werden heute keine Übereinstimmung mehr erzielen. Unsere Zeit ist vorbei, aber die Debatte geht weiter. Danke, dass Sie heute Abend dabei waren."

Ist daraus irgendjemand schlau geworden? Und was war das eigentlich für eine neue Idee des Kandidaten? Hätte sie zu etwas getaugt? An welchem Punkt waren die Kontrahenten vielleicht sogar derselben Meinung? Und was ist denn jetzt die Lösung für das Problem, das eigentlich behoben werden sollte?

Die beiden Politiker vergessen diese Fragen, sobald sie sich aus dem Rampenlicht des Fernsehens in die Ecken ihres Boxrings zurückgezogen haben. Dort steht eine wachsende Armee von PR-Agenten, Spindoktoren und Social Media-Experten bereit. Sie trainieren ihre Kunden umgehend weiter und bringen ihnen bei, wie sie auch künftig durch gezielte und schnelle Attacken mehr Sendezeit an sich reißen, wie sie intelligenter wirken können – und wie sie ihre Inhalte mit Nachrichtenwerten versehen, also mit Konflikten, Dramen, und Erzählungen von Opfern und Tätern.

Kein Vertrauen in die Führung von Politik und Unternehmen

Bewertung von Newsmakern in verschiedenen Berufsrollen
in internationalen TV-Nachrichten, Juli 2011-März 2015

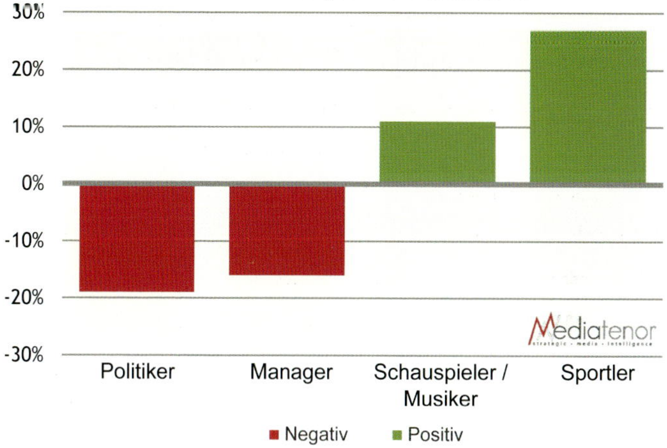

Basis: 341.584 Berichte in TV-Nachrichten aus Deutschland, Großbritannien, Südafrika und den USA

Kapitel 2

Momente der Wahrheit

Warum wir uns ändern müssen

Don't stop thinking about tomorrow.
Yesterday's gone.
Fleetwood Mac

Auf einer Straßenparty begegnete ich der Tochter unseres Nachbarn. Im Gespräch mit ihr wurde mir bald klar, dass unser Beruf sich auf dem falschen Weg befindet.

„Wie läuft es in der Schule?", fragte ich sie, um ein Gespräch zu beginnen. „Tödlich!", antwortete sie im lokalen Dialekt. „Wir haben eine Hausaufgabe bekommen. Das ist voll der Krampf. Wir müssen die GANZE Woche Nachrichten sehen und jeden Tag eine ganze Zeitung lesen. Das macht einen voll depressiv. Warum muss das alles so negativ sein?", fragte die Neuntklässlerin irritiert und schaute mich durch ihren Fransenpony und ihre von Mascara beschwerten Wimpern an. Da war es wieder! Also verbrachte ich wie üblich die nächsten Minuten damit, zwischen ein paar Party-Häppchen zu erklären, dass wir Journalisten im Grunde einfach nur unseren Job tun, wenn wir erzählen, was in der Welt vor sich geht. Und dass es zum Erwachsenwerden gehört, die Nachrichten zu verfolgen, damit man sich an demokratischen Debatten beteiligen kann.

„Ich freue mich jedenfalls auf nächsten Montag", sagte sie friedlich, „dann kann ich wieder *Paradise Hotel* gucken."

Als ich am folgenden Freitag die nationalen Fernsehnachrichten verfolgte, für die ich mit verantwortlich war, kamen mir ihre Worte wieder in den Sinn. Wie viele andere Dänen hatte sich unsere Familie abends vor den Fernseher gesetzt, um Nachrichten, X-Factor und einen guten Spielfilm zu schauen – mit einem Glas Wein und einer Schale Süßigkeiten. Unser Gespräch noch im Ohr führte ich dieses Mal allerdings Buch, welche Themen meine Kollegen und ich für den Einstieg in den Familienabend ausgewählt hatten:

Die Nachrichten vom 8. September 2008

- Dänemark sieht sich neuen Terrorgefahren gegenüber.
- Es gab eine Schießerei in Kopenhagen.
- Neue Züge von einem Problemlieferanten.
- Gebärmutterkrebs bedroht junge Frauen.
- Der Fernfahrer-Streik hält an.
- Eine Frau wurde in einem schwedischem Gartenhaus vergewaltigt.
- Die Sozialdemokraten halten einen Krisen-Parteitag ab.
- Ein alter Präsidentschaftskandidat für die krisengeschüttelten USA.
- Ein Gerichtsverfahren nach einem Flugzeugabsturz mit 200 Toten.

- Unterdrückte Nordkoreaner treiben Gymnastik.
- Eine mechanische 20-kg-Spinne verursacht eine Panik in Liverpool.
- Abschließend das Wetter: Weiter Regen …
- „Wir wünschen Ihnen einen guten Abend!“

„Brr!“, dachte ich an diesem Abend des 8. September 2008, „ist die Welt wirklich so? Was um Himmels machen wir da?“

Beitrag für Beitrag betrachtet war nichts Falsches an den jeweiligen Themen. Berichtenswert waren sie alle: Sie waren aktuell, relevant, wichtig oder spannend. Aber vermittelten wir in den 18 Uhr 30-Nachrichten von *TV Avisen* unserem Publikum ein verlässliches Bild vom Zustand unseres Planeten? Oder war etwas dran an dem Vorwurf, dass wir Journalisten immer nur von der Fliege in der Suppe erzählen – ohne die Suppe selbst zu erwähnen? Ist unser journalistisches Glas quasi stets halb leer statt halb voll? Führen die Kriterien, nach denen wir News aus der Informationsflut auswählen, uns instinktiv genau zu den Geschichten, in denen etwas zu beklagen ist? Zu Menschen, denen es schlecht geht, oder die wir anklagen müssen – und zu all den Dramen, von denen diese Menschen umgeben sind?

Hilfe!

Ich fing an, Zeitungen anders zu lesen. Bankrotte, Wirtschaftsflauten, Unfälle, schmelzende Pole, Straßenbomben und endloses Politikgezänk sprangen mich von allen Seiten an. Zugegeben, dazwischen gab es auch Geschichten über den Preis der neuesten Flachbildschirme oder Kolumnen, die enthusiastisch die Vorzüge von hausgemachter Marmelade anpriesen. Dieser negative Trend setzte sich bis in die TV-Nachrichten fort. Und auch die Morgennachrichten im Lokalradio hatten nur ein einziges positives Thema. Die restlichen Nachrichten betrafen Ereignisse, die gerade schieflaufen. Oder sie berichteten wahlweise von Menschen, die auf andere wütend waren, ihre Differenzen mit anderen herausstellen oder einfach nur Aufsehen erregen wollten. Die eine andere Story im Morgenradio verwies auf eine kuriose Studie, wonach Ostjütländer mehr Betriebsweihnachtsfeiern besuchen als die übrigen Dänen. Allerdings lautete der Spin, den der Journalist diesem harmlosen kleinen Thema verlieh: „Ostjütländer wachen im Dezember verkaterter auf als alle anderen im Land."

Bisweilen nimmt das Morgenzeitungs-Ritual auch tragikomische Züge an. Wie am 5. März 2012, als die Titelseite der dänischen *Jyllands-Posten* eine Illustration von zwei Theatermasken brachte. Die Mundwinkel von beiden waren deutlich nach unten gezogen – recht symbolisch für das Weltbild, das die Zeitung ihren Lesern präsentierte:

- Seite 1: Das *Königlich Dänische Theater* in Aufruhr.
- Seite 2: Eine Seite über das Thema Selbstmord.
- Seite 3: In einem Wald wurde die Leiche eines 22-jährigen Mannes gefunden. Ein neuer Krieg der Werte in den öffentlichen Schulen.

- Darunter befand sich ein Artikel über das Unvermögen von Hundebesitzern und Mountainbikern, den Zugang zu einem Waldstück einvernehmlich zu regeln – und zwar unter dem Titel „Die Waldschlacht".
- Seite 4: Die Situation der Sozialdemokraten ist kritisch.
- Seite 6: Ein Beamter wurde beleidigt. Und als Filler: Zukünftig keine Hüftimplantate aus Metall mehr. Zugverkehr kommt zum Erliegen. Gluten-Allergien nehmen zu. Glücksspieler hinter Gittern.
- Seite 8: Norweger verlangen mehr Transparenz bei den Geheimdiensten.
- Seite 9: Kulturnachrichten. Heute zwei Artikel mit den Schlagzeilen: „Sommer wurde zum Winter" und „Lebendig begraben".
- Seite 10: Fehlendes Vertrauen in das Management des *Königlich Dänischen Theaters.*
- Auf Seite 12 schließlich die Nachrufe...

Bevor sich der Eindruck breitmacht, die Dänen seien besonders unvorsichtige Zeitgenossen, lenken wir den Blick auf die Nachrichtenthemen von *CNN*, dem führenden Nachrichtenkanal in den USA. Ein typischer Tag im Juli 2013:

- 44 Verletzte bei Frontalzusammenstoß von zwei Zügen in der Schweiz.
- Politische Spannungen in Ägypten.
- Der Papst äußert sich zu homosexuellen Priestern.
- Spanien trauert um Opfer des Eisenbahn-Unglücks.

- Ein Lokführer wird des Totschlags angeklagt.
- 150 Kinderprostituierte in den USA verhaftet.
- Syrische Armee nimmt Rebellenhochburg ein.
- 38 Menschen bei Busunglück in Italien getötet.
- Gestohlene Juwelen im Wert von fast 138 Millionen.

Die Botschaft: „Seid vorsichtig da draußen, es ist eine grausame Welt!" Und alle, die das eventuell noch anders sehen, sollen laut *CNN* Folgendes „nicht verpassen": „Mann steckt Schwesternheim in Brand – 11 Menschen sterben", „China startet Schuldenkontrolle" und „1200 Insassen brechen aus libyschem Gefängnis aus".

Vielleicht sind europäische Nachrichten weniger auf Gewalt fokussiert? Hier ein Schnappschuss aus den Weltnachrichten bei *BBC.com* am gleichen Tag:

- Eine Welle von Autobomben explodiert im Irak.
- Busunglück in Italien fordert 39 Tote.
- Der Zugführer bei einem Zugunfall in Spanien handelte fahrlässig.
- Mursi unterstützt Protestmärsche in Ägypten.
- Syrische Truppen erobern Schlüsselbereiche von Homs zurück.
- China fordert eine Überprüfung der Staatsschulden.
- Boeing: Weltweite Inspektion von Flugzeugen angeordnet.
- Apple in China: Forderungen nach Entschädigung wegen Ausbeutung von Arbeitern.
- Steigende Kerosinkosten zehren an Ryanair-Gewinnen.

Hatte der Kopenhagener Bürgermeister Frank Jensen vielleicht Recht mit seiner Kritik an unserer Berichterstattung, als er 2012 einen kritischen Kommentar mit der Überschrift: „Ein Prozent Journalismus“ verfasste? Es ging um eine Artikelserie über die Unzufriedenheit mit dänischen Kindergärten in der Zeitung *Berlingske.* Allerdings hatte eine von *Berlingske* in Auftrag gegebene Umfrage gezeigt, dass immerhin 84 Prozent der Befragten mit der Betreuung ihrer Kinder in den Kindergärten zufrieden waren. Diese Tatsache hätte Jensen zufolge viel mehr Beachtung verdient. „*Berlingske* hat einigen wenigen wütenden Eltern viel zu viel Raum gegeben und damit die Leser getäuscht und einen falschen Eindruck erweckt“, schrieb der Bürgermeister. Daraufhin wurde er vom Herausgeber der Zeitung zurechtgewiesen, der erwiderte, dass es die Pflicht der Presse wäre, Probleme aufzuzeigen.

Und tatsächlich findet man auf den Titelseiten von Zeitungen und Online-Medien auf der ganzen Welt überwiegend die gleichen Nachrichten von Konflikten. In den USA ist der Wettbewerb um Aufmerksamkeit und Werbeeinnahmen in den lokalen Märkten der großen Städte besonders intensiv. Fernseh-Crews ringen darum, noch vor den Rettungsteams an Unfallorten zu sein. Die Politik-News berichten vor allem von den Angriffen der Politiker auf ihre jeweiligen Gegner. Im Frühjahr 2011 besuchte ich eine lokale TV-Station in der Region Los Angeles, die eine doppelt so hohe Einschaltquote hat wie Dänemarks führender öffentlicher Kanal *DR1.* Dort war die Redaktion in vier große Ressorts aufgeteilt: Verbrechen,

Verkehr, Wetter und Skandale. Skandale war das Ressort, in dem die sogenannten politischen Reporter arbeiteten. Es handelte sich um einen Fernsehkanal, der die Bevölkerung über lokale Politik informiert hält, der von aktuellen Problemen und Herausforderungen in Los Angeles, den USA und in der Welt berichtet. Zu welchem Weltbild werden seine Zuschauer wohl kommen?

Gewalt bringt Quote

‚If it Bleeds it Leads' ist ein zynischer Slogan, der typisch für den redaktionellen Standpunkt in vielen US-amerikanischen Lokalnachrichten ist. Er beruht auf dem Mythos, dass der Erfolg von Massenmedien vom Einsatz einer gewissen Dosis Blut und Brutalität abhängig ist. US-amerikanische Medien nehmen diese Maxime ernst und tendieren dazu, die Konkurrenz mit Sensations-Nachrichten übertönen zu wollen: „Das Desaster der plastischen Chirurgie", „Killer BHs?", „Macht Frozen-Yoghurt krank?" – oder ein besonderes Glanzstück: „Was passiert auf unseren öffentlichen Toiletten?" Mit diesem Thema beunruhigte *Channel 13 News*, ein Fernsehnachrichten-Kanal aus New Mexico, vor ein paar Jahren viele Eltern. Sie sollten glauben, dass in den 50 öffentlichen Toiletten Pädophile zu Gange waren. Untermalt von dramatischer Musik und mit einer Waffe als Logo im Bildhintergrund versprach eine sonore Stimme, dass *Channel 13 hierzu* ermitteln würde. Im späteren Bericht hieß es dann, dass Journalisten drei der öffentlichen

Toiletten untersucht und nichts Auffälliges vorgefunden hatten. Die ganze Serie, die mehrere Abende lief, stützte sich übrigens auf eine Pressemitteilung der Polizei über zwei mögliche Vorfälle an einem Ort, wobei sich ein erwachsener Mann entkleidet haben soll.

Diese Geschichte könnte man als ein Beispiel für schlechten Journalismus ansehen. Aber sie zeigt auch, nach welchen Kriterien wir Journalisten unsere Berichte oft aussuchen. Vermeintlich erreichen wir nur mit solchen Meldungen genug Aufmerksamkeit, Einschaltquoten, Seitenaufrufe und Werbeeinnahmen. Und vermeintlich rechtfertigen nur solche Storys die erhobenen Rundfunk und Lizenzgebühren.

Tom Rosenstiel ist Vize-Vorsitzender des *Committee of Concerned Journalists* (CCJ) sowie Geschäftsführer des *American Press Institute* (API). In einer Studie über das US-amerikanische Lokalfernsehen schreibt er: „Die Entscheidungsträger in den Nachrichtenredaktionen orientieren sich an einem Set von ausgefeilten und bewährten Hypothesen darüber, was Zuschauer zum Medienkonsum motiviert. Diese Annahmen werden untermauert von Erfahrungsberichten, Statistiken und vom Unternehmensauftrag.“ Seine Kritik am US-amerikanischen Nachrichtenjournalismus stützt sich auf konkrete Daten: Fast zwei Drittel der 33.000 Nachrichten in 154 lokalen Fernsehkanälen der USA beginnen mit Berichten über Verbrechen, Unfälle oder Katastrophen. In einem Buch mit dem Titel *We Interrupt this Newscast* von 2007 zeigen Rosenstiel und sein Forscherteam, dass 30 Prozent der Verbrechens-, Unfall- und

Katastrophen-Meldungen eine Minute oder länger dauerten, wohingegen 73 Prozent der politischen Berichte kürzer als eine Minute waren – mehr als ein Drittel sogar kürzer als 30 Sekunden.

„Lokale Fernsehnachrichten sind für viele Amerikaner die wichtigste Informationsquelle zu allem, was in der Umgebung, in der regionalen Wirtschaft und Kultur geschieht. Von der Qualität des Nachrichtenservice hängt nicht nur die Unternehmensbilanz der jeweiligen TV-Station ab, sondern auch die Bilanz des Unternehmens Demokratie", warnt Rosenstiel und liefert damit zugleich eine Erklärung dafür, warum immer wieder festgestellt werden kann, wie wenig die breite US-amerikanische Öffentlichkeit über die Welt außerhalb der USA weiß: „Die Theorien zum Marktwert von Nachrichten, die im Redaktionsmanagement kursieren, ... werden verstärkt durch begrenzte Ressourcen, Zeitmangel, fehlende journalistische Erfahrung und zunehmende Forderungen nach mehr Programmen – da sind also Ansprüche, die ständig steigen. ... Doch viele der Gewohnheiten in den Redaktionen führen zu einer journalistischen Praxis, die nicht nur Kritiker von TV-News verärgert, sondern auch die Zuschauer."

Der amerikanische Arzt und Dozent der *New York University School of Medicine* Marc Siegel teilt diese Kritik. Siegel hat ein interessantes Buch mit dem Titel *False Alarm* geschrieben. In ihm kritisiert er Wirtschaftsbranchen, die ihren Gewinn vor allem dadurch erzielen, dass sie unnötige Angst verbreiten. Seine Kritik beschränkt sich nicht nur auf die Pharma-Industrie, der er vorwirft, das Gesundheitssystem zu beeinflussen, so dass es nur noch um die Behandlung statt um die Heilung von Krankheiten geht. Auch die Medien sind Gegenstand seiner Kritik:

„Wie nie zuvor sind wir von Angst geprägt, Angst belastet immer mehr Menschen. Die Schlagzeilen der Zeitungen sind apokalyptische Warnungen. Die Besessenheit der Medien mit der Angst verstärkt unsere Sorgen. Sie vergehen nur noch dadurch, dass sie durch neue alarmierende Meldungen ersetzt werden."

Der Lene-Effekt

Zunehmend ratlos angesichts der journalistischen Kultur auch in unserer Redaktion fing ich an, mit den Kollegen bei *DR* über unsere Arbeit und über unsere redaktionellen Gewohnheiten zu diskutieren. Ein erfahrener Reporter erinnerte sich an Statistiken über die Beschäftigungsquote weiblicher Einwanderer, die die Gemeindebehörden vor ein paar Jahren erstellt hatten. Sie sahen nicht gut aus: Unter den Immigranten gab es mehr arbeitslose Frauen als insgesamt. Mit einer Ausnahme – von 0 Prozent – in der dänischen Kleinstadt Frederica. Der Kollege war darüber so erstaunt, dass er im Rathaus von Frederica nachfragte, ob die Gemeinde ihre Daten korrekt gemeldet hätte.

„Oh ja, das ist alles korrekt so", wurde ihm erklärt. „Das liegt am Lene-Effekt."

„Woran?"

„Vor ein paar Jahren haben wir eine Beraterin für Einwanderer eingestellt, Lene. Sie kommt mit den Frauen hier sehr gut zurecht. Sie gewann schnell ihr Vertrauen und nahm sie dann allmählich zu Treffen mit Firmen in der ganzen Stadt mit. Sie machte einfach einen Termin mit einem CEO aus, kam zur Tür herein und legte los: ‚Das ist Fatima, sie ist fantastisch. Sie kann euch helfen. Wobei, das wissen wir noch nicht. Aber genau deswegen sind wir ja hier. Was kann schlimmstenfalls passieren? Wenn ich mit meiner Einschätzung falschliege, kostet es euch trotzdem keinen Cent, denn die Regierung zahlt ihren Lohn in den ersten drei Monaten. Komm schon, gib ihr eine Chance!‘ Innerhalb von 18 Monaten waren alle Frauen angestellt."

Begeistert von dieser Geschichte über den Lene-Effekt rief der Reporter den damaligen Fernsehnachrichten-Chef an. „Das ist doch keine Story!", war die Antwort. „Wo ist der Konflikt? Warum sollten wir dem Bürgermeister Sendezeit für einen Werbespot geben?"

Und deshalb lief der Bericht über den Lene-Effekt auch nie.

Der damalige Parteichef der liberalen dänische *Ny Alliance,* Naser Kahder, der inzwischen bei einem konservativen amerikanischen Thinktank in Washington D.C. arbeitet, bestätigt, dass sich die Situation seither nicht sonderlich verbessert hat. Mit Hilfe von Freunden organisierte er 2011 im Parlament von Kopenhagen eine Konferenz von über 100 Einwanderern, die ein eigenes Unternehmen gegründet und Jobs geschaffen hatten. „Ich wollte das stereotype Bild vom armen, passiven oder fanatischen Einwanderer durchbrechen, das uns in den Medien so oft präsentiert wird. Wir luden alle Zeitungen, Radiosender und Fernseh-Shows ein. Wir verschickten Presseerklärungen, riefen in den Redaktionen an und präsentierten unsere besten Erfolgsgeschichten. Und wie viele Reporter und Fotografen kamen? Kein einziger. Wie groß wäre wohl die Beteiligung der Medien gewesen, wenn wir eine Konferenz über fanatische Muslime organisiert hätten? Es gibt zwar unter den Einwanderern mehr erfolgreiche Unternehmer als politisch oder religiös motivierte Fanatiker. Aber die Bevölkerung erfährt nur von den letzteren, weil das eben die Geschichten sind, die bevorzugt von den Medien erzählt werden."

Einer besseren Welt verpflichtet

Das Ausmaß der globalen Medienkrise war längst deutlich, als das *World Economic Forum* (WEF) 700 Experten zum Kongress *The Global Agenda* in Dubai versammelte. Er stand unter dem Motto: „Comitted to improving the state of the World" Die geladenen Experten, deren Arbeit nach Einschätzung der Organisatoren die globalen Entwicklungen wesentlich beeinflusst, sollten eine Art Zustandsbericht des Planeten erstellen – und Empfehlungen für die Vereinten Nationen und die Vertreter des jährlichen Weltwirtschaftsforums in Davos aussprechen. Auf dem Kongress wurden vier Tage lang so unterschiedliche Themen wie globale Wasserressourcen, Ghettobildung, AIDS, Terrorismus, Klimawandel und mobile Kommunikation diskutiert. Es entstanden tatsächlich eine Reihe globaler Empfehlungen und viele innovative Lösungen, die Hoffnung machten und Möglichkeiten aufzeigten, wie in Zeiten der Krise erfolgreich mit Herausforderungen umgegangen werden kann.

Eine der Expertengruppen befasste sich nun mit der Zukunft des Journalismus. Wir waren zu zwölft, stammten aus der ganzen Welt und verbrachten drei Tage in einer gigantischen klimatisierten Konferenzhalle mitten in der Wüste. Unser Forum hatte den offiziellen Titel: „Global Agenda Council on the Future of Media“. Der von uns erarbeitete Zustandsbericht über den Mediensektor lieferte eine recht pessimistischen Prognose: „Wir leben in einer über-kommunizierenden und unter-informierten Welt. Die Auswirkungen der kommunikationstechnischen Revolution trafen wohl keinen anderen Sektor härter als die Nachrichtenmedien. Keine andere Branche hat eine derart fundamentale Infragestellung ihrer Funktion erfahren, eine derartige Erosion ihrer Werte und eine derartige Bedrohung ihrer Geschäftsmodelle – es scheint, dass dieser Sektor vom Aussterben bedroht ist.“

Und so stellten wir die rhetorische Frage: „Wie können wir den Journalismus retten und ihm helfen, die Welt zu retten?“

Eine mögliche Antwort darauf bildete sich am letzten Tag der Konferenz heraus, als alle Experten eingeladen wurden, ihre Ergebnisse mit den anderen Gruppen zu diskutieren, damit sich neue Perspektiven auf die jeweiligen Problemfelder eröffnen konnten.

Es gab einen breiten Konsens, dass neben einer stärkeren Regulierung des Finanzsektors und neuen Standards für seine Hauptakteure auch ein Ende der protektionistischen nationalen Politiken nötig sei. Dabei kamen alle Gruppen zu dem Schluss, dass die Medien eine entscheidende Rolle als Kommunikator und Agenda-Setter besitzen.

Erstaunlicherweise wurde die Schlange vor dem Raum, in dem unsere Mediengruppe ihre Ergebnisse präsentierte, immer länger. Die Botschaften unserer Besucher glichen sich, egal ob es sich bei ihnen um Experten für AIDS in Afrika, für Flüchtlingsströme oder für Ghettobildung handelte. „Wir haben uns drei Tage lang mit globalen Problemen aus unseren jeweiligen Themengebieten auseinandergesetzt. Sie sind enorm. Aber es gibt auch Hoffnungen. Beispielsweise geschieht gerade etwas sehr Interessantes in diesem oder jenen Projekt, was die Krise wirklich etwas entschärft. Wir würden diese Information gern verbreiten, damit das Projekt auch andere inspirieren kann. Also haben wir diskutiert, wie wir die Information am besten verbreiten können: Wir könnten es auf unsere Website bringen. Aber die wird kaum frequentiert. Mittel für Werbekampagnen haben wir auch nicht. Also müssen wir versuchen, die Geschichte in die Medien zu bringen. Allerdings wäre das eine positive, inspirierende und Hoffnung vermittelnde Geschichte. Und so etwas wird ja leider nicht veröffentlicht. Warum konzentriert ihr euch eigentlich so auf das Negative?“

Die Gruppe zum Thema AIDS schilderte uns, dass die Situation in Afrika zwar erschreckend ist, dass sich aber in einem Projekt im Sudan Fortschritte zeigten. Ein enttäuschter AIDS-Experte berichtete: „Als wir es tatsächlich geschafft hatten, die *New York Times* in den Sudan zu locken, waren der Journalist und der Fotograf nur an einer Story über AIDS-Waisen interessiert, die sie sich wohl schon auf ihrem Weg zu uns ausgedacht hatten. Wahrscheinlich hatte der leitende Redakteur entschieden, dass das die Leser mehr interessiert. Warum seid ihr so?"

Diese Beispiele zeigen, dass es auf der globalen Ebene eine große Nachfrage nach einer Presse gibt, die zwar kritisch und investigativ, aber gleichzeitig offen genug ist, um über inspirierende Ideen, Chancen und Erfolge beim Umgang mit Problemen zu berichten. Doch genau dies tun wir in unseren unabhängigen Medien nicht sonderlich gern. Warum eigentlich?

Weil wir es so gelernt haben. Kritik und Konflikt bilden das Rückgrat des Journalismus. Sie stecken uns im Blut. Und entsprechend schreibt auch Mogens Mejiby in seinem viel gelesenen Handbuch für dänische Journalistik-Studenten: „So wie der Kampf zwischen Gut und Böse eine fundamentale Rolle in Abenteuergeschichten, Groschenromanen und Spielfilmen spielt, sind Konflikte zwischen Personen ein wesentlicher Bestandteil vieler Nachrichtenmeldungen. Der Konflikt enthält ein dramatisches Element, das unsere Neugier weckt. Er erlaubt es dem Leser, Partei zu ergreifen und sich mit einem der Protagonisten zu identifizieren."

Diese Einstellung ist auch dem dänischen Polizeichef Jens Kaarsgaard vertraut. Seine Erfahrung ist, dass viele Senioren in seiner mittelgroßen dänischen Stadt Angst haben, abends auszugehen, weil sie täglich Berichte über organisierte Kriminalität im Fernsehen sehen: „Die Medien bringen ständig Berichte über Morde, tödliche Verkehrsunfälle, Schießereien und Einbrüche. Aber das entspricht nicht dem, was wirklich geschieht. Die Menschen werden nur unnötig geängstigt. Die Wahrheit ist, dass es in Dänemark so wenig Morde gibt wie nie zuvor. Und auch die tödlichen Verkehrsunfälle sind auf einem Allzeittief. Dass bei jemand eingebrochen wird, ist nicht viel wahrscheinlicher, als das große Los im Lotto zu gewinnen. Und auch die organisierte Kriminalität ist hier ehrlich gesagt kein größeres Problem. Also muss niemand nervös werden, nur weil die aktuellen Nachrichten von einer idiotischen Schießerei in Kopenhagen berichten, wo irgendein Typ von seinem Motorrad aus eine Kugel durch das Fenster eines Waschsalons schießt. Solche eher glimpflichen Vorfälle werden in den Nachrichten endlos wiederholt, in den regionalen Radiostationen alle halbe Stunde."

1971 kamen auf Dänemarks Straßen 1.213 Menschen ums Leben. Die eigentliche Nachricht ist, dass 40 Jahre später nur noch 220 Menschen bei Verkehrsunfällen sterben, obwohl inzwischen doppelt so viele Autos auf den Straße sind. Innerhalb von drei Jahren kam in Kopenhagen kein einziger Autofahrer ums Leben. Der dichte Verkehr verhindert, dass zu schnell gefahren wird, die Sicherheitstechnik in modernen Autos sorgt für den Rest. Aber wissen das die Menschen? Nein, denn die Nachrichten-Medien berichten nur über Unfälle.

Lasse Jensen ist einer der erfahrensten Kommentatoren zu den Entwicklungen im westlichen Journalismus. Der Däne hat für verschiedene Zeitungen gearbeitet, war Nachrichtenchef von zwei nationalen Fernsehkanälen und als Korrespondent in Washington D.C. sowie für die *Europäische Rundfunkunion* (EBU) tätig. Er bringt fachkundig auf den Punkt, wie sich Medien und Politik gegenseitig beeinflussen, was im Ergebnis oft weder gut noch konstruktiv ist: „Noch immer liefert ein guter Kampf die bessere Nachricht als eine langweilige Diskussion. Rollt die Medienlawine zum Beispiel wegen eines Streit in der Regierung einmal an, ist es nahezu unmöglich, sie noch zu stoppen. Die Mediendemokratie schlägt zu. Die Nachrichtenmedien stehen nicht mehr an der Seitenlinie des Spielfelds, sondern sie werden selbst zu politischen Akteuren. Und zwar nicht, weil sie selbst eine bestimmte ideologische Agenda vertreten. Die wichtigste Agenda der Medien ist es, Nachrichten zu verkaufen. Sie glauben, dass das am besten gelingt, wenn sie über alle möglichen Konflikte berichten. So können sie schon einmal auf keinen Fall beschuldigt werden, Sympathien für die Mächtigen zu hegen. In der Nachrichtenkultur ist man nicht so begeistert von Lösungen. Konflikte mögen wir viel lieber."

Kapitel 3

Was nun?

Konsequenzen für die Demokratie

Media focus on death and destruction,
creates a collective despair.
Dalai Lama

Hans Henrik Knoop, Professor für Psychologie an der dänischen Universität Aarhus, erinnert sich noch genau an den Zeitpunkt, an dem ihm klar wurde, dass Journalisten wohl unter einer Art kollektiven Krankheit leiden: Eine Reporterin hatte ihn angerufen und im Telefonat auf ihren Chefredakteur verwiesen. Sie solle mehr spannende Geschichten über Dinge bringen, die gut laufen, statt den Fokus wie üblich nur auf das Elend in der Gesellschaft zu legen. „Versuch mal dieses neue Ding mit dem konstruktiven Journalismus", hatte er ihr aufgetragen.

Die Journalistin war für eine Sendung im dänischen Fernsehen verantwortlich, und Knoop war erfreut, als sie ihn fragte, ob die Negativität in den Medien die Menschen negativ beeinflusst. Knoop ist Vorsitzender des *European Network for Positive Psychology* (ENPP). Er berichtete der Reporterin von einer umfangreichen Forschung, die zeigt, dass dieses Thema durchaus wichtig und dringend war. Er bot an, im Fernsehen mit ihr über die Bedeutung von Inspiration und Hoffnung bei den Berichterstattungen über Tod und Zerstörung zu reden.

Das interessierte die Journalistin aber nicht. Sie war letztlich nur an ihm interessiert, weil er als Psychologe Patienten behandelt hatte, die durch die zunehmende Negativität in den Medien psychisch beeinträchtigt wurden. Mit einem wissenden Lächeln erinnert er sich: „Selbst diese klare Möglichkeit, eine inspirierende Geschichte zu bringen, musste erst einmal negativ verankert werden, damit sie in das gängige journalistische Muster passte."

Knoops Forschung zeigt, dass der negative Fokus tatsächlich den mentalen Zustand einer Nation beeinflussen kann: „Die Nachrichtenmedien sind voll von Berichten über das Elend in der Welt. Negativität beherrscht die Nachrichtenflüsse und daher auch die Politik und die öffentlichen Debatten. Das hat Konsequenzen. So wie man sprichwörtlich wird, was man isst, wird man auch seelisch das, worauf man sein Augenmerk richtet. Man kann eine Menge essen, ohne gesunde Nährstoffe aufzunehmen. Genauso kann man seine Aufmerksamkeit lange auf Dinge und Ereignisse richten, die einen seelisch mit dem gleichen Gefühl von Leere zurücklassen. Durch Fastfood-Kalorien wird man recht schnell langsamer, schwerer und müder. Das gleiche Resultat hat eine triviale öffentliche Debatte. Schnell wird die Mentalität der Leute ‚fett'. Wenn sie nur noch von dem großen Ausmaß an Problemen hören und Personen präsentiert bekommen, die ihre Konflikte mit respektlosen

Argumenten austragen, schalten sie mental ab. Apathie oder Angst sind die Folge. Das Risiko dabei ist nicht nur, dass sich die Menschen von den Medien als Informationsquelle allmählich ganz abwenden, sondern auch, dass sie sich aufgrund dieser extremen Priorität des Negativen auch aus den öffentlichen Debatten verabschieden."

Knoop erläutert den biologischen Grund für die Kraft des Negativen: „Vor 10.000 Jahren war das Leben der Menschen arm, brutal und kurz. Im täglichen Leben lauerten überall Gefahren: Hunger, Durst, Feinde, wilde Tiere und tödliche Krankheiten. Deshalb ist das menschliche Gehirn genetisch darauf konditioniert, immer wachsam zu sein. Und darum sind negative Erzählungen so viel mächtiger als positive. Sie sind dreimal wirksamer bei der Arbeit und fünfmal wirksamer in der Ehe." Vielleicht ist das also der Grund, warum es in vielen Ehen mehrere „Ich-liebe-dich" braucht, um eine aufrichtige Antwort auf die Frage zu kompensieren, ob ihr das Kleid steht...

Knoop argumentiert weiter, dass die anhaltende negative Berichterstattung sogar in der Lage sei, gesellschaftliches Engagement auszubremsen. Entsprechend könne eine konstruktivere Perspektive in der Berichterstattung Engagement wecken: „Wenn wir engagierte Bürger wollen, die sich für Lösungen der kleinen und großen Probleme in der Welt einsetzen, Bürger, die überzeugt davon sind, etwas bewirken zu können, dann müssen die Medien auch dazu beitragen. Solange die Politiker sich in den Fernsehdebatten immer nur gegenseitig der Lüge bezichtigen und ihren Gegnern dabei wahlweise vorwerfen, sich absichtlich falsch zu erinnern, Versprechen gebrochen zu haben, doppelte Standards zu verfolgen, zu betrügen, falsche Statistiken zu verwenden und strategische Hintergedanken zu haben, hemmen sie jedes Engagement. Im normalen Leben würde keine Freundschaft diese Art der Kommunikation auch nur eine Minute lang überleben. Und auch im Arbeitsleben oder in der Ehe ist eine so destruktive Gesprächskultur tödlich. Journalisten sind in hohem Grade mit verantwortlich für das fundamentale Misstrauen der Bevölkerung gegenüber Politikern. ... Natürlich müssen Journalisten auch weiterhin die Rolle eines kritischen Wachhunds einnehmen. Aber es ist nicht ihre Aufgabe, selbst aktiv Schurken-Figuren zu erschaffen."

Psychologen zufolge führt die Tatsache, dass wir in den Medien über lokale und globale Konflikte berichten, auch zu ihrer Verlängerung. Die Logik des Konfliktes besteht nämlich darin, dass das, was die eine Seite zu ihrer Verteidigung veranlasst, von der anderen Seite zum Grund für eine Fortsetzung der Auseinandersetzung genommen wird. Die Nachrichtenmedien sind dabei sowohl profitierende Beobachter als auch Teilnehmer. Wir berichten über die einseitigen und provokativen Aussagen auf beiden Seiten. Auf diese Weise informieren wir nicht nur über die Konflikte. Wir halten sie am Leben und vergrößern sie sogar.

EU: Große Unterschiede zwischen Potenzial und tatsächlicher Wahrnehmung
Berichterstattung über die wirtschaftliche Lage in den Ländern der EU
Januar 2010 bis Mai 2011
Bewertung: Positives Potenzial — Sichtbarkeit: Fokus auf den Krisenländern

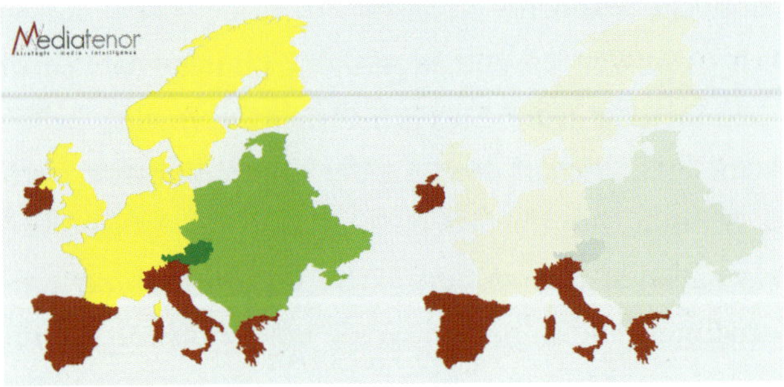

■ Sehr positiv (>20%) ■ Positiv (5% bis 20%) ■ Neutral (-5% bis 5%)
■ Negativ (-5% bis -20%) ■ Sehr negativ (< -20%)

Basis: 28.100 Berichte über die Wirtschaftslage in den Ländern der EU in 30 internationalen TV-Nachrichten

Die Mediendemokratie

Die Finanzkrise hat die alten Volkswirtschaften in den USA und Europa massiv unter Druck gesetzt. Wenn die Anzahl der Unternehmen weiter so schnell abnimmt, wie die der Liquidationen steigt, verweist das umso stärker auf die Notwendigkeit zur Erneuerung und Innovation. Die Unternehmenskultur liegt in der Verantwortlichkeit des Managements. Will man eine industriell geprägte Lohnempfänger-Kultur in eine experimentelle und innovative Unternehmenskultur verwandeln, geht das nicht mit einer einfachen E-Mail-Direktive an die Belegschaft nach dem Motto: „Los, mehr Innovation!“ Die Kunst des Managements besteht darin, das Unternehmen zu lenken, zu wenden oder zu bremsen, um gleichzeitig Kreativität freizusetzen. Das ist wiederum nur möglich, wenn die Mitarbeiter keine Angst haben müssen und auch selbst einen Weg nach vorn erkennen. Die Kultur eines Landes wird zumindest teilweise auch von seiner politischen Führung bestimmt. Allerdings wissen in vielen Demokratien die meisten Bürger nicht einmal, wann die nächste Wahl ansteht. Und so richtet sich auch die Aufmerksamkeit der meisten Politiker kurzfristig auf die jeweilige und kommende Legislaturperiode und auf die letzten Meinungsumfragen.

Zentral für einen kurzfristigen Erfolg ist die Sichtbarkeit, und das Instrument dafür ist das Marketing. Um wahrgenommen zu werden, sehen sich Politiker gezwungen, in genau den Formaten zu kommunizieren, die die Medien für berichtenswert halten – das heißt in den Mustern von Konflikt, Drama, Opfer- und Tätergeschichten. Das führt dazu, dass sich die Politik nur noch mit den Problemen beschäftigt, sich ihre Aufmerksamkeit einseitig auf sogenannte Opfergruppen richtet. Diese Muster führen auch zu internen Machtkämpfen und zu öffentlichkeitswirksamen Angriffen auf die jeweiligen politischen Gegner.

Sozialpsychologen zufolge kann diese negativ getönte mediale Inszenierung von Politik zusammen mit der Konzentration der Nachrichten auf Unfälle und Katastrophen eine nationale Kultur tatsächlich schädigen. Ist sie geprägt von Nachgiebigkeit und Angst, sinkt die Rate der Menschen, die Innovationen anstoßen. Wenn aber niemand mehr Innovation wagt, kommt die gesamte gesellschaftliche Entwicklung zum Stillstand. Was für ein Paradox, sind doch gerade heute Innovation und Entwicklung bitter nötig!

Der Fokus der Medien auf das nicht Funktionierende folgt einem vorbestimmten Muster. Ob ein weiterer Fall von Kindesmissbrauch aufgedeckt wurde, über versteckte Kameras in einem Pflegeheim, über den Missbrauch von Haushaltshilfen oder über verwilderte Tiere berichtet wird: Immer endet eine Story mit einem konfrontativen Interview mit dem verantwortlichen Bürgermeister, Management Controller oder Minister. Dann lautet die Frage: „Was werden Sie tun, um zu garantieren, dass so etwas nicht wieder passiert?"

Der Interviewte hat vier Möglichkeiten:

1. Er kann seinem Vorgänger die Schuld geben.
2. Er kann erklären, dass unverzüglich neue Kontrollinstrumente eingeführt werden.
3. Er kann versprechen, dass umgehend mehr Mittel für die Lösung des entsprechenden Problems bereitgestellt werden.
4. Oder er kann einen epileptischen Anfall simulieren.

Die Erfahrung lehrt uns, dass die Varianten 1 und 4 nicht sonderlich erfolgreich sind. Die steigenden Steuerquoten, die große Anzahl diverser Kontrollinstrumente und die umfangreichen bürokratischen Dokumentationspflichten machen deutlich, dass gerade Politiker am häufigsten für die Varianten 2 und 3 optieren.

Konsequenzen für die politische Führung

Bei demokratischen Wahlen in ganz Europa wird es für die nationalen und regionalen Parteien immer schwieriger, geeignete Bewerber für öffentliche Ämter zu gewinnen. Der dänische Parlamentssprecher Mogens Lykketoft bemerkt, dass Kandidaten für politische Ämter immer schlechter qualifiziert sind. Ihm zufolge sind daran in erster Linien die Medien schuld. So erinnert er an einen Artikel der dänischen Boulevardzeitung *Ekstra Bladet*, in der der Inhalt einer Mülltonne aus der Privatwohnung eines Ministers aufgezählt wurde: „Wenn die Medien jeden Aspekt des Privatlebens in ein möglichst schlechtes Licht rücken, müssen Politiker natürlich überlegen, ob sie das wirklich auf sich nehmen wollen. Es ist ja nicht so, dass das unheimlich gut bezahlt würde."

Hier nähern wir uns einem Themenkomplex, der praktisch alle Parteivorsitzenden umtreibt. Sie äußern sich öffentlich dazu sehr zurückhaltend, weil sie sonst ihre Parteifreunde harter Kritik aussetzen müssten. Lykketoft berichtet, was ihm ein Parteiführer in einem unbeobachteten Moment einmal anvertraute: „Die meisten unserer talentierten jungen Parteimitglieder werden nicht in die nationale Politik gehen. Das ist einfach ein zu undankbarer Job. Das Problem ist auch, dass diejenigen, die dann doch in die Politik gehen, das nicht immer aus den richtigen Beweggründen heraus tun."

Etwas Ähnliches erzählte mir einmal ein Fraktionsvorsitzender über ein Treffen mit Mitgliedern der Jugendorganisation seiner Partei. Diese waren sehr erpicht auf seine Ratschläge, wie sie am besten ins Parlament kommen könnten: „Ich hörte mich selbst sagen: ‚Bemüht euch nicht, das lohnt sich wirklich nicht.‘ Ich finde es schlimm, dass ich das gesagt habe. Aber ich habe es gesagt, denn genau so ist es. Politik ist ein undankbarer Job geworden. Natürlich ist das nicht nur die Schuld der Medien, aber sie haben sicher ihren maßgeblichen Anteil daran.“

In meiner Kindheit hatten meine Eltern einen Nachbarn, dem eine Gruppe lokaler Honoratioren die Kandidatur für einen Wahlkreis angeboten hatte. Das war etwas, worauf sie sehr stolz waren: Ein Parlamentskandidat, ein richtiger Abgeordneter als Nachbar. Mehr Prestige war kaum möglich. Heute sind Geschichten über Wahlkreise an der Tagesordnung, die verzweifelt nach Kandidaten suchen. Und haben sie dann endlich einen gefunden, wird häufig angenommen, dass er offenbar keinen ‚richtigen‘ Job finden konnte.

Jørn Henrik Pedersen, Professor für politische Wissenschaften, hat sein Leben mit der Erforschung der dänischen Politik zugebracht. Er ist daneben auch selbst in den Medien tätig, unter anderem als ehemaliger Vorsitzender der öffentlich-rechtlichen Fernsehstation *TV2*. Er ist der Gründer der Journalistenschule an der Universität von Süd-Dänemark und gegenwärtig Vorsitzender der lokalen Mediengruppe *Fynske Medier*. Pedersen kommentiert: „Es hat sich eine Art tödlicher Spirale zwischen Medienvertretern und Politikern herausgebildet – was zur Folge hat, dass beiden Gruppen immer weniger Respekt entgegengebracht wird. Ich halte nicht so viel von Meinungsumfragen. Trotzdem ist es bemerkenswert, dass sich Journalisten und Politiker bei den Indizes zur Vertrauenswürdigkeit immer ganz am Ende befinden."

Im März 2012 kommentierte Niels Krause-Kjaer, ein politischer Analyst und Nachrichtenmoderator bei *DR*, in seinem Blog auf der dänischen Website der Tageszeitung *berlingske.dk* den gegenwärtigen Tiefstand des politischen Journalismus: „Es ist Zeit, darüber nachzudenken, wie weit wir alle – Bürger, Blogger, Leitartikelschreiber, Journalisten und Politiker in der Herabwürdigung von Politik und Politikern noch gehen wollen. Ist es nicht an der Zeit, dass wir ein wenig mehr Respekt und Gemeinsinn an den Tag legen? Was erwarten wir? Dass der Premierminister auf die Straße geht und vor unseren Augen den Bürgersteig schrubbt? Weil wir es nicht in Ordnung finden, dass Steuergelder für eine Raucherkabine in seinem Büro ausgegeben worden sind? Von hier verläuft eine gerade Linie zur demonstrativen Empörung eines Boulevardblatts darüber, dass der neue höhenverstellbare Arbeitstisch des Ministerpräsidenten Helle Thorning-Schmidt 5.200 Euro gekostet hat. Ich frage noch einmal, was erwarten wir? Soll der Premierminister die deutsche Kanzlerin oder den französischen Präsidenten in Räumen mit Ikea-Möbeln empfangen?"

Der dänische Geschäftsmann Asger Aamund wurde von verschiedenen Parteien als Kandidat für ein öffentliches Amt vorgeschlagen. Er versteht die Schwierigkeit, Talente für die Politik zu rekrutieren: „Es gibt in der Politik zu wenig Prestige. Die Bezahlung ist nicht wettbewerbsfähig. Die Einflussmöglichkeiten sind gering, und die persönlichen Kosten viel zu hoch. Das führt dazu, dass viele, die ein politisches Amt sonst durchaus gereizt hätte, ihre Talente anderswo einsetzen. Dieser Mangel an Führungs-Persönlichkeiten ist eine der größten Herausforderungen, vor denen unsere dänische Demokratie gegenwärtig steht."

Politiker wollen wiedergewählt werden, daher verwenden sie immer mehr Zeit darauf, sich in den Mustern von Drama und Konflikt, von Opfer und Verbrecher zu inszenieren, so dass die Medien darin einen Nachrichtenwert erkennen. So erklärte mir ein prominentes Mitglied des dänischen Parlaments vor einigen Jahren einmal resigniert: „Wir bekommen keine Sendezeit mehr, wenn wir uns nicht dazu bereit erklären, jemanden anzugreifen. Wir setzen so viel Geld und Zeit für die Perfektionierung dieser Kunst ein, dass wir am Ende vergessen, was wir eigentlich wollen, für welche Politik wir eigentlich stehen. Es gibt einfach keine Journalisten mehr, die noch Interesse daran haben, etwas darüber zu berichten."

Griechenland ist ein naheliegendes Beispiel dafür, was passiert, wenn sich Politiker und Wähler in einer Demokratie jahrelang gegenseitig korrumpieren und so tun, als sei es möglich, mehr Mittel auszugeben, als eingezahlt wurden. Natürlich liegt es vor allem in der Verantwortung von Politikern, die richtigen und manchmal auch unpopulären Entscheidungen zu treffen. Doch kann sich die griechische Presse aus ihrer Verantwortung für die zunehmende Brutalisierung und Simplifizierung des öffentlichen Diskurses stehlen? Hätte es nicht in ihrer Verantwortung gelegen, über die Zustände in der griechischen Wirtschaft zu berichten und eine Debatte über die wirtschaftspolitische Zukunft anzustoßen?

Die westlichen Demokratien kämpfen um ihr Fortbestehen. In den USA zum Beispiel droht ein Finanzdefizit, die größte Volkswirtschaft der Welt in den Abgrund zu stürzen. In Großbritannien, Spanien, Portugal, Frankreich und im kleinen Dänemark haben Politiker jahrelang die Staatsschulden erhöht. Sie hatten Sorge um ihre Ämter, wenn sie unpopuläre Kürzungen in Angriff genommen hätten, die große Wählergruppen treffen. Und wenn doch einmal ein Abgeordneter, ein Minister oder eine Regierung mutig genug war, derartige Änderungen vorzuschlagen, wurde daraus eine Story gestrickt, die den gängigen Mustern des Boulevards entsprach:

Der Konflikt-Ansatz: Wer ist gegen diese Maßnahmen? Stehen die Maßnahmen nicht im Widerspruch zur früheren Parteilinie?

Der Drama-Ansatz: Was sagen die Umfragen zu diesen Maßnahmen? Akzeptieren die Parteimitglieder die Vorschläge?

Der Opfer-Ansatz: Was sagen die Seniorenorganisationen zu diesem Vorschlag? Können wir einen Zahnarzt auftreiben, der sich enttäuscht und zornig über die Aussicht äußert, nicht mehr so früh in den Ruhestand gehen zu können wie geplant? Oder können wir jemanden finden, der ein Leben lang körperlich schwer gearbeitet hat und für den es besonders hart wäre, wenn der Renteneintritt verschoben wird?

Der Schurken-Ansatz: Was um Himmels willen denkt sich der Abgeordnete/Minister nur dabei? Was für ein ausgefuchstes Spiel treibt er? Er bricht sein Wahlversprechen.

2011 deckte ein Dokumentarbericht auf, dass mehrere Tattoo-Studios Jugendliche unterhalb der gesetzlich vorgeschriebenen Altersgrenze tätowiert hatten. Der frühere dänische Gesundheitsminister Bertel Haarder willigte in ein Interview zu diesem Thema ein. Ihm wurde die obligatorische Frage gestellt: „Was werden Sie dagegen tun?"

„OK", sagte der Minister, „ich werde mehr Kontrollen einführen. Aber kommt mir dann nicht mit einem Bericht, dass die Regierung alles verbürokratisiert." Da sprach die Stimme der Erfahrung.

Oder wie es ein ehemaliger Minister mit langjähriger Erfahrung als gewählter Repräsentant ausdrückte: „Es ist ein Problem der Demokratien, dass die Manager der Medienunternehmen, die nicht vom Volk gewählt sind, einen derartigen Einfluss auf die politische Agenda ausüben. Der ewige Blick auf Opfer und Benachteiligte und das Beharren auf einer vermeintlichen Notwendigkeit zu mehr staatlichem Handeln haben suggeriert, es seien immer größeren Staatsausgaben nötig. Hätte man dagegen konsequent herausgestellt, dass die Staatsausgaben viel zu hoch sind, würde die Welt heute ganz woanders stehen."

Abschnitt 2

Inspiration für eine Lösung

Kapitel 4

Eine gute Geschichte

Der dänische Fall

Ja, ich glaube, dass guter Journalismus und gutes Fernsehen unseren Planeten zu einem besseren Lebensort machen können.
CNN-Korrespondentin Christiane Amanpour

In Dänemark gibt es viermal so viele Schweine wie Menschen. Schweinefleisch ist einer der wichtigsten Exportprodukte unserer Volkswirtschaft. Viele Jahre hatten sich *DR News* mit den Auswirkungen des Strukturwandels im Agrarsektor beschäftigt, der sich von einer bäuerlichen Landwirtschaft in eine hocheffektive moderne Produktionsindustrie wandelte. Eines der favorisierten Themen war der zunehmende Einsatz von Antibiotika, mit denen verhindert werden sollte, dass die industriell gezüchteten Schweine durch das Leben in zu engen Ställen krank wurden.

Das Problem lag nicht nur darin, dass sich das Penicillin bald auch im Schinken finden ließ und die Arzneikosten der Landwirte deutlich anstiegen. Das Hauptproblem war eine sich entwickelnde Antibiotika-Resistenz bei Tieren und Menschen. In unzähligen Nachrichtensendungen warnten Ärzte vor dem massiven Einsatz von Antibiotika in der Viehzucht und vor dem Risiko, dass in den Krankenhäusern immer mehr Patienten Entzündungen durch resistente Erreger bekommen könnten. Doch der Einsatz von Antibiotika und das Problem der Resistenz nahmen weiter zu.

Bei den Landwirten war unser Sender *DR* mit solchen Berichten nicht sehr beliebt: „Warum bringt ihr nicht mal Meldungen über die Milliarden-Einnahmen aus dem wachsenden Schweinefleisch-Export, die in die Staatskassen fließen?“, fragten sie. Wir antworteten wie immer, dass unser Job das Aufdecken von Problemen ist. Also brachten wir weitere Storys über den Missbrauch von Antibiotika in dänischen Landwirtschaftsbetrieben.

Bis sich eines Tages ein eigentlich als schonungslos kritisch geltender Reporter und sein Chefredakteur für einen anderen Ansatz entschieden: Sie wollten herausfinden, ob das Problem gelöst werden konnte. Vielleicht gab es auch schon irgendwo einen Lösungsansatz?

In den Niederlanden fand der Reporter einen Landwirt namens Eric van den Heulen, der seine kleine Tochter beinahe durch eine Infektion mit einem multiresistenten Bakterium (MRSA) verloren hatte. Das Mädchen hatte sich bei Schweinen aus dem Familienbetrieb infiziert, die einen resistenten Erreger in sich trugen. Daher hatten Antibiotika bei ihm keine Wirkung mehr, es wurde schwer krank. Den Tieren wurde bis dahin, wie in der modernen Viehzucht üblich, Penicillin ins Futter gegeben, um Erkrankungen vorzubeugen.

Nach dieser Erfahrung beschloss van den Heulen, eine Alternative zum Antibiotika-Einsatz in der Schweinezucht zu finden. Und tatsächlich setzt er heute nur noch fünf Prozent der früheren Dosis ein. Er bekämpft krankheitserregende Bakterien einfach dadurch, dass er in seinen Ställen große Mengen an ‚guten Bakterien', Probiotika, versprüht. Probiotika vermehren sich in dieser Umgebung schnell und verdrängen pathogene Bakterien. Diese Methode hat sich als so effektiv bei der Vorbeugung von Erkrankungen erwiesen, dass seine Tiere kaum noch Antibiotika brauchen.

DR brachte die Geschichte im April 2013. Wenige Monate später entschlossen sich führende dänische Landwirte, Mikrobiologen und ein international agierender dänischer Produzent von Enzymen und Futterbeigaben dazu, dem Beispiel des niederländischen Landwirts zu folgen: „Das könnte sich als ein Geniestreich herausstellen", sagt Hans Jøregen Kolmos, Professor für Mikrobiologie an der Universität von Süd-Dänemark. „Statt pathogene Bakterien durch Antibiotika zu bekämpfen, setzt man gute Bakterien zu. Das ist wirklich out-of-the-box gedacht. Ich bin sicher, dass wir diese neue Methode auch im Gesundheitssystem produktiv einsetzen können."

Diese Geschichte ist nicht nur interessant, weil sie überrascht, sondern auch, weil sie zeigt, worum es bei Constructive News geht, nämlich nicht um einen naiven Positivismus, der die bisherigen kritischen Aufgaben des Journalismus ablösen soll. Mit Constructive News können die Kriterien dafür, welche Berichte Nachrichtenwert haben, erweitert werden. Bei Constructi ve News geht es darum, nach Geschichten zu suchen, die zu nächsten Schritten und Lösungen anregen können.

Bis zu unserem Bericht im April 2013 wussten die dänischen Landwirte, Tierärzte und Politiker nichts von dem Experiment in den Niederlanden, das nur wenige hundert Kilometer südlich der dänischen Grenze stattfand. Das Dilemma in der Viehzucht war bis dahin, sich entweder für langfristige Gesundheit oder für weiteren Exportwachstum entscheiden zu müssen. Daher geschah nicht viel.

„Das war wahrscheinlich das wichtigste und konstruktivste Beispiel für guten Journalismus, das ich je im Fernsehen gesehen habe“, sagt Martin Rishøj, der schon einige Jahrzehnte in der Agrarindustrie arbeitet. Nachdem er die Nachrichtensendung auf *DR1* gesehen hatte, initiierte er ein Projekt, das dem Beispiel des niederländischen Kollegen folgen sollte: „In den Schweinefarmen, die bisher mitmachen, sind die Ergebnisse nach ein paar Monaten schon sehr vielversprechend. Ich wette, diese Methode wird die europäische Agrarindustrie in wenigen Jahren grundlegend verändern.“

Was ist neu?

Die Geschichten vom jährlichen Urlaub der Nachbarn auf Mallorca sind normalerweise extrem langweilig: „Zuerst machten wir uns auf zum Flughafen, dann nahmen wir den Flieger nach Palma und fuhren schließlich im Sonnenschein in das Hotel, in dem wir immer wohnen. Und wir verbrachten acht entspannende Tage am Pool…“, meist fängt man schon vor der Hälfte des Berichts an zu gähnen.

Interessiert uns so ein Urlaubsbericht also nur, wenn die Nachbarn ihre Pässe (oder noch besser: den kleinen Bruder) am Flughafen vergessen haben, wenn das Gepäck in Kasachstan gelandet ist oder wenn es am Strand plötzlich schneite? Nachrichtenthemen sind das genaue Gegenteil von Normalität – es geht um die berichtenswerten Abweichungen von der Norm. Und da die meisten Dinge gut laufen, ist alles, was nicht gut läuft, eben die Nachricht. Aber wer sagt, dass die Abweichung von der Norm nur dann interessant ist, wenn sie negativ lautet? Würden wir es nicht auch spannend finden zu erfahren, wie unsere Nachbarn mit ihrem Hotel einen Extra-Deal ausgemacht haben? Oder dass sie einen kleineren Flughafen mit freien Parkmöglichkeiten gefunden haben? Und eine Sprachschule für Kinder, die die Kleinen in den Segelpausen aufsuchen können? Wäre es nicht spannend, von ihnen zu erfahren, wie man nach den neuen Richtlinien der Fluggesellschaft Geld erstattet bekommt, falls Flüge verspätet ankommen oder gestrichen werden?

Das Problem beginnt damit, dass wir die Welt aus einem negativen Blickwinkel sehen, weil unsere Sichtweise schon so deformiert ist. Der dänische Autor und Geschichtsdozent Henrik Jensen drückt das in seinem Buch *The Dissent Man* so aus: „Wir – genauer gesagt unsere Medien – lieben Menschen, die sich über Regeln hinwegsetzen und Grenzen überschreiten: Das wütende Opfer, das einmal mehr vom System niedergeschlagen wurde. Den charmanten Ganoven. Den Drogenhändler, der mordet und später darüber Interviews führt. Den Einwanderer der zweiten Generation, der vom Weg abkommt und zum Gangster wird. Und all die Menschen, die aus der Norm fallen, psychisch Kranke, Transsexuelle, Über- und Untergewichtige..."

Als Journalisten wissen wir, dass an dieser Beobachtung etwas dran ist. Wenn beispielsweise Fernsehen, Radio und Zeitungen permanent verkünden, dass die Busunternehmen im ganzen Land Kunden und dadurch Einnahmen verlieren, weshalb sie ihren Service verringert und die Preise erhöht haben, wird das zur Normalität. Da sich Nachrichten aber durch das Ungewöhnliche definieren, ist ein Busunternehmer, dessen Kunden zufrieden sind und der sogar Profit erwirtschaftet, eine Nachricht wert.

Der dänische Sender *DR News* fand ein solches Busunternehmen. Die Route 150S verkehrt in Kokkedal, im Norden von Kopenhagen. Wir brachten einen Bericht über die vielen zufriedenen Kunden, die diese Buslinie benutzen. Die Linie ist pünktlich, bietet freies WLAN an und hat einen Fahrer, der gerne lacht, das Fahrzeug sauber hält und stolz auf seinen Job zu sein scheint: „Ich begrüße Sie in meinen Bus." Damit ist bewiesen, dass es geht. Und wenn *DR* das kann, warum nicht auch die anderen Medien?

Der neue DR

Die neue Herangehensweise ist das Ergebnis eines Strategiewechsels. Bis 1988 besaß das öffentlich-rechtliche *DR* das Monopol auf dem Fernsehmarkt in Dänemark. Neben *Danmarks Radio* war es keinem anderen Sender erlaubt, Fernseh- oder Radiosendungen zu schalten. Am 1. Oktober 1988 wurde das Monopol durch den kommerziell orientierten, aber ebenfalls öffentlichen Sender *TV2* gebrochen – an diesem Tag gingen für die älteren Beschäftigten von DR „die guten alten Tage zu Ende“.

Die konkurrenzfreie Zeit mag zwar für die Angestellten paradiesisch gewesen sein, aber die wenigsten Dänen waren zufrieden mit dem eher langweiligen, langsamen und grauen Bild der Welt, das vom staatseigenen Monopol-Fernsehen präsentiert wurde. In weniger als sechs Jahren verlor *DR* 60 Prozent seiner Zuschauer an den schnelleren und moderneren Konkurrenten. Daraufhin versuchte *DR* jahrzehntelang, dadurch Boden zurückzugewinnen, dass es seinen kommerziellen Wettbewerber kopierte, allerdings mit wenig Erfolg. Als der Fernsehmarkt sich durch weitere kommerzielle und internationale Mitspieler noch mehr öffnete, brach ein Wettbewerb um Werbeeinnahmen aus. *TV2* nahm immer stärkeren Boulevard-Charakter an. Auch *DR* versuchte, durch verstärkte Berichterstattung über Skandale und Verbrechen und durch Sendungen über die Königsfamilie Schritt zu halten. Um mehr Zuschauer anzusprechen wurden komplizierte Themen zur Europäische Union oder zur Wirtschaftslage immer seltener aufgegriffen. Doch das Kalkül, ebenfalls auf Sensation, Drama und Konflikt zu setzen, ging nicht auf. Die Zuschauerzahlen sanken immer weiter. Ein neues Management und ein neuer Vorstand beschlossen einen Strategiewechsel. Er begann mit der einfachen Frage: Was ist der Sinn von *DR*, wozu sind wir da?

Die Antwort wurde in ein neues *Mission Statement* gefasst: *DR* soll informieren, herausfordern und die Menschen in Dänemark zusammenbringen. Kurz gefasst: *DR* soll der Gesellschaft dienen. Unsere Kinderprogramme sollen einen Mehrwehrt gegenüber denen von *Fox Kids* oder *Disney Channel haben.* Unsere Serien wie *The Killing* und *Borgen* sollen eine bessere Qualität haben als die billigeren Serien auf dem internationalen Massenmarkt. Und unsere Nachrichtenprogramme sollen mehr als nur unterhalten, sondern das Publikum über wichtige Themen informieren.

„Wir sind da, um ein Licht zu werfen, nicht um Düsternis und Angst zu verbreiten", sagt der Vorstand von *DR* und frühere CEO des *Königlich Dänischen Theaters* Michael Christiansen: „Wissen und Erkenntnis sind die Wege zu Toleranz, und Toleranz ist der Schlüssel zu echter Demokratie. Man sagt, die Medien befinden sich in einer Krise. Ich bin überzeugt, dass die Medien bestehen können, wenn sie systematisch das Vertrauen der Menschen zurückgewinnen, für die sie da sind."

2012 verkleinerte *DR* seine Verwaltung und investierte in die inhaltliche Qualität der Nachrichtenprogramme. Ziel ist, *DR News* als Autorität wiederherzustellen: ‚Qualifiziert im Inhalt, modern in der Erzählweise.' Wir fuhren die Zahl der Berichte über Verbrechen und Unterhaltsames herunter. Stattdessen investierten wir in besser qualifizierte Redakteure für ‚harte Themen' wie Globalisierung, Business, Politik und Gesundheit. Wir eröffneten Auslandsstudios und starteten den ‚Gesellschafts-Kanal' *DR2* als 24-Stunden-Kanal, der Hintergrundinformationen, Dokumentationen, Berichte zum Zeitgeschehen und Debatten zeigt. Und obwohl wir unsere Abendnachrichten auf dem Hauptkanal *DR1* von 21 Uhr auf 21 Uhr 30 verschoben und unsere Nachrichtenstunde täglich mit Hintergrund-Magazinen zu internationalen Themen, Finanzen und Politik gefüllt hatten, geschah das Unerwartete: Die Zuschauer kamen zurück.

Einer der Gründe dafür war, dass wir in unsere täglichen Sendungen konstruktive Elemente einbauten. Wir wollten jeden Tag wenigstens eine Geschichte bringen, die inspirieren konnte und aufzeigte, wie etwas besser funktionieren kann, oder die Menschen, Unternehmen und Länder porträtierte, die etwas Ungewöhnliches tun. Hier einige Beispiele:

- Ein Supermarkt beschäftigt autistische Menschen als Regal-Nachfüller.
- IKEA hat damit begonnen, ältere Handwerker einzustellen, weil Kunden gern erfahrene Mitarbeiter um Rat fragen.
- Eine Stadtbehörde hat ein Programm entwickelt, das Senioren dafür fit macht, ihr Leben möglichst lange selbst zu gestalten, um Betreuungskosten zu sparen.
- Ein Kardiologe rettete das Leben seines eigenen Vaters durch einen Eingriff, der daraufhin ein großer Exporterfolg wurde.
- Eine Gemeinde senkte die Krankheitsrate unter ihren Angestellten, indem sie einen Bonus an alle Mitarbeiter auszahlte, die sich nicht krank meldeten.
- Die Zahl der Einbrüche ging zurück, seitdem die örtliche Polizei Bürger per SMS warnte, wenn Einbrüche in der Nachbarschaft beobachtet wurden.

- Ein Pflegeheim baute einen Spielplatz und zog damit die Kinder des nahegelegenen Kindergartens an.
- In Athen gib es einen Fahrradboom, weil die Menschen in Zeiten der Krise das Fahrrad als gesünderes und kostensparendes Verkehrsmittel entdeckt haben.
- Eine mexikanische Stadt kämpft erfolgreich gegen den lokalen Drogenhandel.
- Eine erfolgreiche Idee kommt aus Deutschland. Ein Hospiz für Kinder, die unter professioneller Betreuung die letzten Monate in Begleitung ihrer Familie verbringen können. So müssen sie nicht in einem überfüllten Krankenhaus oder zu Hause sterben.
- In Uganda hat eine dänische Stromfirma damit begonnen, Solarlampen zu verteilen, die umweltschädliche Öllampen ersetzen.

Darum geht es bei Constructive News: die Perspektiven der Berichterstattung zurechtzurücken, damit Geschichten erzählt werden können über konstruktive Initiativen, Projekte und Bewegungen. Wir werden weiterhin Probleme klar benennen, aber auch aktiv nach Geschichten suchen, die zu ihrer Lösung beitragen. Wir müssen den Mut haben, unser Selbstverständnis als Journalisten zu justieren. Wir gewinnen dadurch eine aktivere Rolle in unserer Gesellschaft, werden zu einer Art Schiedsrichter und Vermittler in öffentlichen Debatten.

Was den Menschen fehlen wird

Heutzutage mangelt es nicht an Informationen und Nachrichten. Vielmehr drohen wir in der Informationsflut unterzugehen. Der Informationsmarkt hält eine riesige Auswahl an Nachrichten, Plattformen, Unterhaltungsprodukten und Technologien bereit. Angesichts der massiven technischen Neuerungen im digitalen Bereich verwundert es nicht, dass sich die traditionellen Medien in einer Krise befinden. Weltweit gibt es derzeit kaum ein Medienunternehmen, das in der Lage wäre, sein Geschäftsmodell nachhaltig auf den Verkauf von gedruckten oder digital angebotenen Standard-Nachrichten zu gründen. Es ist die grundlegende Frage nach dem Verhältnis von Angebot und Nachfrage – gibt es ein bestimmtes Produkt im Übermaß, fallen die Preise; und sie fallen mitunter bis auf den Nullpunkt.

Die Zukunftsforscherin Anne Skare Nielsen vom dänischen Unternehmen *Future Navigator* hat eine Liste von Werten angefertigt, die die Menschen in der Zukunft vermissen werden:

- Originalität
- Intimität
- Fürsorge
- Abwägung
- Vertrauen
- Zeit

Was folgt daraus? Das bedeutet, dass kluge Medien künftig genau das anbieten, was fehlen wird.

Knappe Ressourcen

Originalität: Unsere Geschichten werden einzigartig sein.
Intimität: Unsere Berichte werden hautnah erzählen, ob im geografischen oder emotionalen Sinn.
Fürsorge: Unsere Botschaften werden einen fürsorglichen Aspekt besitzen.
Abwägung: Unsere Geschichten erweitern das Verständnis, sie produzieren Wissen und bieten mehrere Perspektiven an.
Vertrauen: Unsere Geschichten werden verlässlich recherchiert und glaubwürdig sein.
Zeit: Unsere Berichte helfen, Entscheidungen zu treffen.

Bringen wir also Geschichten, die den Menschen nützen, und nicht die herkömmlichen Geschichten, die der Medienmarkt angeblich von uns haben will.

Reaktionen

Einige Fachleute sehen in Constructive News einen möglichen Ausweg aus der Krise der Nachrichtenindustrie. Unter ihnen ist die Journalistin Catherine Gyldensted, die sich nach langen Jahren als investigative Redakteurin in Fernsehen und Zeitungen 2004 dazu entschloss, eine Auszeit zu nehmen.

„Ich hatte die Nase voll vom Betrieb und wurde depressiv", schildert sie. „Täglich hatte ich gewalttätige, traurige Geschichten über Konflikte zu erzählen. Ich konnte einfach nicht mehr.

Ich musste mir Zeit nehmen und darüber nachdenken, was ich eigentlich tue und wo mich das hinführt. Ist die Welt wirklich so voller negativer Ereignisse? Das ist der Eindruck, den die Nachrichten vermitteln. Oder gibt es nicht auch eine Menge positiver Geschichten, die nur nie erzählt werden, weil der jeweilige Journalist an seiner Agenda festhält?" Gyldensted begann, sich an der University of Pennsylvania mit den Prinzipien des konstruktiven Journalismus zu befassen.

Für eine Forschungsarbeit hatte sie 710 Probanden einen Artikel über gekürzte staatliche Mittel für Lebensmittelspenden lesen lassen, der auch Interviews mit Betroffenen enthielt. Der Artikel war von ihr nach den herkömmlichen Regeln verfasst und enthielt eine hohe Rate an negativ besetzten Begriffen. Die Teilnehmer sollten danach ihre Stimmung dokumentieren: Sie war durchgehend gesunken. Darauf wurden ihnen in zufälliger Verteilung fünf Artikel präsentiert, die dieselben Informationen enthielten, aber andere journalistische Regeln anwendeten, die sich zum Teil an der positiven Psychologie orientierten. Zwar löste auch einer der Artikel mit positivem Fokus eher negative Gefühle aus, (er zielte darauf, den ‚Sinn' der Ereignisse zu konstruieren und sie einzuordnen), doch konnten die anderen positiv manipulierten Artikel die Stimmung der Probanden signifikant verbessern, insbesondere der Artikel, der konkrete Lösungsansätze vorschlug.

Best Practice

Positiver Journalismus hat die Nachrichtenkultur bei *DR* verändert. Und nicht mehr nur der Chefredakteur fragt in den täglichen Meetings nach konstruktiven Ansätzen. Bei einer Redaktionssitzung bot eine Redakteurin eine Geschichte zu einer gerade herausgegebenen Statistik an, die zeigte, dass 61 Prozent der Dänen denken, sie hätten ihren Traumjob. Ursprünglich wollte sie die Geschichte vom anderen Ende her aufziehen und berichten, dass vier von zehn Dänen gern einen anderen Job hätten. Denn so präsentierten wir Statistiken ja üblicherweise. Doch sie erwischte sich selbst dabei und fragte in die Runde, ob es angesichts der zahlreichen Berichte über Stress, Burnout und schlechte Manager nicht interessanter und ansprechender wäre zu zeigen, dass sich immerhin 60 Prozent der Dänen keinen besseren Job vorstellen können, als den, den sie gerade haben? Also änderte sie den Ansatz für ihre Recherchen.

Ein anderes Beispiel ist eine Studie, die damals an alle dänischen Redaktionen geschickt wurde. Sie war finanziert von der *Danish Nurses' Organization* und sollte eine Debatte über Arbeitsbedingungen, beruflichen Stress und niedrige Löhne in der Pflege anstoßen. Bei *DR* fanden wir, dass die Studie keine wirklichen Nachrichten enthielt. Wir alle hatten schon hundertmal von diesen Themen gehört. Stattdessen versuchten unsere Redakteure, ein Krankenhaus zu finden, in dem die Leitung und das Pflegepersonal ein besseres Arbeitsumfeld geschaffen hatten.

Daraus entstand eine großartige Geschichte. Wir fanden eine Krankenhaus-Abteilung etwas außerhalb von Kopenhagen, in der zwei Einwanderinnen als sogenannte Hausassistentinnen eingesetzt wurden. Ihr Job war es, die Schwestern bei den täglichen Routinen zu unterstützen. Sie stellten sicher, dass die Vorräte aufgefüllt wurden, sie verteilten Zeitschriften und versorgten Patienten mit Getränken. Die Patienten waren glücklich über den verbesserten Service, die Schwestern waren weniger gestresst, und das Management stellte fest, dass die Zahl der Krankschreibungen im Personal seitdem drastisch gesunken war, so dass noch zwei weitere Frauen eingestellt werden konnten. Die Einwanderinnen waren ebenfalls zufrieden, weil sie so besser Dänisch lernen konnten. Sie lächelten in die Kamera und meinten, Dänemark sei ein guter Ort zum Leben. Wir zeigten keinen Konflikt und kein Drama, keine Benachteiligten und keine Verbrecher. Und doch waren das gute Nachrichten.

Fünf gute Fragen für Constructive News:

- Was ist die eigene Idee dazu?
- Was könnte die Lösung sein?
- Wie sind andere Menschen mit dem Problem umgegangen?
- Was können wir daraus lernen?
- Wenn es andere können, warum nicht auch wir?

Auch das folgende Beispiel ist bezeichnend: Weder die Zuschauer von *DR* noch die Vorsitzende des Ausschusses für Gesundheitswesen in Dänemarks Kommunalregierungen werden unser Interview vergessen, in dem es um die zunehmende Zahl von älteren Patienten ging, die in den Krankenhäusern blieben, obwohl ihre Behandlung schon längst abgeschlossen war. Die Gemeindebehörden taten zu wenig, um sie wieder nach Hause zu bringen.

Die Vorsitzende war schon darauf gefasst, die Standardantwort zu geben, dass an diesen Zuständen jemand anders schuldig sei, zum Beispiel die Regierung oder das Krankenhaus. Doch wir zeigten ein Video über eine Gemeinde, die durch gezielte Maßnahmen Geld eingespart und das Leben der Senioren verbessert hatte, indem sie ihnen nach einem Krankenhausaufenthalt bei der Rückkehr in die häusliche Umgebung halfen. „Warum machen das nicht alle so?", fragte der Nachrichtensprecher freundlich, aber bestimmt. Die Vorsitzende fühlte sich plötzlich wie ein Fisch im Trockenen. Das war kritischer konstruktiver Journalismus in bester Gestalt.

Eine neue Rolle für die Presse

Als junger Redakteur beim dänischen Qualitätsblatt *Jyllands-Posten* sollte ich einen Lösungsansatz für den anhaltenden Kampf zwischen Regierung und Opposition entwickeln. Die 1980er-Jahre waren für Dänemark eine Krisenzeit. Die Minderheitsregierung des damaligen Ministerpräsidenten Poul Schlüter und die sozialdemokratische Opposition stritten öffentlich darüber, wer es jeweils unterlassen habe, notwendige Entscheidungen zu treffen, die Dänemark wieder auf die Beine hätten stellen können. Monatelang zeigte die Berichterstattung, wie Spitzenpolitiker sich gegenseitig beschuldigten, während die Journalisten sich in ihren sicheren Gräben verschanzen konnten.

Ich sprach mit dem damaligen Chef der Sonntagsausgabe, dem brillanten Jens Kaiser, über einen möglichen Aufhänger für eine Lösung. Wir stimmten schnell darin überein, dass der Konflikt womöglich auch eine Generationenfrage war. Die älteren Politiker waren in ihren Routinen und Vorurteilen festgefahren. Die aufstrebende Generation von Politikern war dagegen in einer Zeit aufgewachsen, als der Wohlfahrtsstaat weit entwickelt war. Sie hatten staatliche Schulen besucht und ein anderes politisches Zugehörigkeitsgefühl und andere politische Vorstellungen als ihre Vorgänger entwickelt. Vielleicht waren es also die Jüngeren, die etwas zur Lösung der politischen Krise beitragen konnten.

Eine kleine Recherche stieß uns darauf, dass der Jugend-Vorsitzende der Liberalen eine Ausbildung in einer Druckerei absolvierte, der Vorsitzende der sozialdemokratischen Jugend hingegen an einer Business School studierte, während der Jugend-Vorsitzende der Konservativen einen Namen besaß, der sehr nach Arbeiterklasse klang. Das gab schon einmal einen witzigen Aufhänger.

Dann kam ich auf die Idee, die Vorsitzenden der Jugendorganisationen zusammenzubringen, um zu sehen, ob nicht sie die Kompromisse ausarbeiten könnten, zu denen sich ihre Parteivorsitzenden bisher nicht durchgerungen hatten. Viel leicht konnten sie den Mittelweg finden zwischen dem sozialdemokratischen Programm eines *Wachstums für die 90er Jahre* und dem *Plan für das nächste Jahrhundert* der rechtsstehenden Parteien.

Wir gingen für 24 Stunden in eine Tagungsstätte, um an den Differenzen zu arbeiten. In den ersten Stunden kamen wir nicht sehr weit: Die jungen Leute schlüpften in die Rolle von etablierten Politikern, die ihre Parteiprogramme in- und auswendig kannten. Sie legten es darauf an, ihren Gegnern die Show zu stehlen und die Journalisten dazu zu bringen, ihre jeweiligen Standpunkte aufzugreifen.

Als dann aber die Journalisten plötzlich ihre Rolle wechselten, hatte das auch einen Einfluss auf den Charakter der Debatte. Ich machte den jungen Parteileuten klar, dass wir keine Geschichte bringen würden, solange sie nicht einen Kompromiss zustande brächten. Der Erfolg der Tagung sollte nicht am Ausmaß der Konfrontationen, sondern an der Suche nach Übereinstimmungen bemessen werden. Ich selbst würde nicht dazu beitragen, diese Übereinstimmungen zu finden, die Teilnehmer aber dabei unterstützen, sich gegenseitig zuzuhören und den gemeinsamen Nenner zu finden, sofern denn einer existierte. Meine Rolle war also nicht länger die eines Ringrichters beim Boxen oder die eines Sekretärs, sondern ich wurde zum Mediator und Vermittler.

Sobald die jungen Politiker erkannten, dass es der Sinn der Übung war, eine bessere Zukunft für Dänemark zu entwerfen, war es ihnen auch möglich, die meisten Meinungsverschiedenheiten zu überwinden. In den frühen Morgenstunden des kommenden Tages war das Projekt indes noch dem Scheitern nahe und zwar wegen gegensätzlicher Positionen zu den Renten. Die sozialdemokratische Spitze plädierte für obligatorische Rentenbeiträge und staatlich finanzierte Renten. Die anderen Politiker wollten den Dänen die Freiheit lassen, zwischen verschiedenen Rentenversicherungen auszuwählen.

Der Vorsitzende der Zentrumspartei, der Jugendvorsitzende der dänischen Sozialliberalen, der heute übrigens dem DR-Vorstand angehört, und der spätere dänische Kulturminister Brian Mikkelsen aus der Konservativen Volkspartei entwarfen am frühen Morgen einen Kompromiss. Rentenbeiträge würden verpflichtend sein, aber die Dänen würden zwischen verschiedenen anerkannten Rentenkassen wählen können. Die Sozialdemokraten und die Liberale Partei stimmten dem Plan im Verlaufe des Frühstücks zu. Die Jugendorganisationen der Parteien hatten also tatsächlich eine Übereinstimmung erzielt, die ihre Fraktionsvorsitzenden in Monaten des Stillstands nicht zuwege bringen konnten.

Der Kompromiss wurde den Parteichefs zugeschickt, und drei von ihnen erklärten zu unserem Erstaunen, dass sie ihm zustimmen würden. Ein weiterer Parteivorsitzender ließ sich lange Zeit für eine Antwort, lehnte aber am Ende ab.

Es geschah also kein Wunder, doch *Jyllands-Posten* hatte immerhin eine große konstruktive Geschichte für seine Titelseite, und eine Saat war gesät...

24 Stunden für Nordjütland

Im dänischen regionalen Medienhaus *NORDJYSKE* berichteten wir regelmäßig über den Wettbewerb zwischen zwölf regionalen Tourismus-Verbänden, die es alle darauf abgesehen hatten, norwegische, holländische und deutsche Touristen in den Sommermonaten zum Besuch in ihre Regionen zu locken. Die Touristenzahlen waren überall enttäuschend, keiner der Tourismus-Verbände verfügte offenbar über ausreichende Marketing-Ressourcen. Die Regionen verloren zudem auch in anderen Sektoren zunehmend Arbeitsplätze: Schiffswerften, Flextronic und eine Fleischfabrik wurden geschlossen...

Wir entschlossen uns zu einem kleinen Experiment. Dazu luden wir sechs Bürgermeister, die zugleich Vorsitzende von lokalen Tourismus-Verbänden waren, in ein Sommerhaus an der Westküste Dänemarks ein. *NORDJYSKE* stellte sie vor die Frage: Wie lässt sich die Zahl der Touristen und Tourismusjobs in Nordjütland innerhalb von zehn Jahren verdoppeln? Allen Seiten war klar, dass dies ein ehrgeiziges Ziel war, das ohne die Bereitschaft zu einem radikalen Wandel nicht erreichbar sein würde. Unter der Schlagzeile *24 Stunden für Nordjütland* berichteten wir dazu direkt in den Fernseh- und Rundfunknachrichten; auch im Internet aktualisierten wir regelmäßig die Meldungen über die Konferenz der sechs Politiker.

Zusammen mit dem moderierenden Chefredakteur und der lokalen Bevölkerung, die während der Sendung im Internet Kommentare schrieb, kamen die Teilnehmer schließlich zu einer Einigung: Sie würden einen gemeinsamen Tourismusverband für die gesamte Region gründen, die sie einheitlich vermarkten würden, um so mehr Touristen anzusprechen. „Produktiv und lebensfroh" lautet das Mission Statement von *NORDJYSKE*: Und das Projekt *24 Stunden für Nordjütland* zeigt, was damit gemeint ist.

Wir wiederholten diesen Erfolg noch einmal. Als in der Öffentlichkeit schon monatelang über die gegensätzlichen politischen Standpunkte zur Zukunft der staatlichen Schulen debattiert wurde, luden wir drei nationale Politiker, einen Schulleiter, ein Elternteil, den Vorsitzenden der dänischen Lehrergewerkschaft und Vorsitzende anderer Organisationen aus dem Bereich Schule und Gesellschaft zu einem weiteren Projekt ein. Wir nannten es *24 Stunden für die Klasse 5c.*

Die Teilnehmer sollten innerhalb eines ganzen Tages darüber entscheiden, was die Klasse 5c, (die am nächsten Tag aus den Sommerferien zurückkommen würde), im neuen Schuljahr lernen soll, um möglichst gut auf zukünftige Jobs in der globalen Wirtschaft und auf ihre Rollen in einer Gesellschaft vorbereitet zu werden, die sich fundamental von der unterschied, in der wir (aus der älteren Generation) aufgewachsen waren. Welches Curriculum würden die Teilnehmer für die heutige Zeit entwerfen?

Auch die damaligen Sprecherinnen von drei politischen Parteien beteiligten sich an der lebhaften Debatte. Das Kamerateam von *NORDJYSKE* nahm alles auf und übertrug die Diskussionen in die gesamte Region. Wir filmten sogar, wie ein Gewerkschaftsvorsitzender in einer Diskussion über die

Qualität des Schulunterrichts den Vorschlag unterstützte, dass Schulleiter Unterrichtsinspektionen durchführen.

Vor der Pause zur Nachtruhe besprach ich mit den Teilnehmern bei einer Flasche Rotwein die Ereignisse des Tages. Die Unterhaltung stockte, bis einer der Politiker bemerkte: „Wir sitzen hier und diskutieren, ob wir euch Journalisten wirklich vertrauen können. Wollt ihr uns hier wirklich nicht runterzumachen? Geht es hier nicht wie sonst immer darum, unsere Fehler zu finden, uns gegeneinander auszuspielen und uns wie Idioten aussehen zu lassen? Kann die Presse wirklich so konstruktiv sein und einmal nicht nur verurteilen und anklagen? Wir haben gerade beschlossen, dass das hier ein Erfolg werden soll."

Am nächsten Tag berichteten die stolzen Teilnehmer, dass sie ein Curriculum für die Klasse 5c entworfen hatten. Im Zentrum des Lehrplans standen Innovation und Kreativität. Er war ausdrücklich darauf angelegt, den Schülern auch Fehler zuzugestehen. Die Klasse sollten mit vielen Menschen zusammengebracht werden, die ihnen Fähigkeiten vermitteln konnten, die sie noch nicht besaßen.

Alles beginnt mit einem Gedanken

„Bedenke deine Gedanken, bevor sie deine Worte werden.
Bedenke deine Worte, bevor sie deine Ansichten werden.
Bedenke deine Ansichten, bevor sie deine Taten werden.
Bedenke deine Taten, bevor sie deine Gewohnheiten werden.
Bedenke deine Gewohnheiten, bevor sie dein Charakter werden.
Bedenke deinen Charakter, bevor er dein Schicksal wird."
Unbekannt

Dänemark am Abgrund

Bei *DR* wollten wir über unsere Gewohnheiten nicht nur diskutieren, sondern sie auch ändern. 2010 richteten wir unseren Fokus auf das Leben außerhalb der großen Städte und Wachstumszentren. Wir wollten nicht nur über die dortigen Probleme berichten.

Wir begannen mit einer umfangreichen Recherche über die Abwanderung von Unternehmen und Dienstleistungen nach China oder Indien und über die Umstrukturierung des öffentlichen Sektors, die zur Folge hatte, dass das Personal (Polizeioffiziere, Richter, Soldaten und Ärzte) zunehmend in die Städte abgezogen wurde. Dann aber suchten wir systematisch nach Geschichten, die Lösungen für diese Probleme aufzeigen konnten.

Unsere US-Korrespondenten fuhren nach Detroit und zeigten, wie dort marode Wohnviertel abgerissen wurden, statt sie immer weiter verkommen zu lassen. *DR*-Journalisten berichteten über zwei dicht beieinander liegende dänische Dörfer: Durch eine Vielzahl lokaler Initiativen blühte das eine Dorf gerade auf, während das andere weiterhin in einem bedauernswerten Zustand war.

Ein Reporterteam bereiste den Norden Norwegens, um über eine Initiative der norwegischen Regierung zu berichten. Sie erlässt Absolventen jährlich 25.000 Kronen Schulden aus der Studienfinanzierung, wenn sie in die strukturschwachen Gegenden um Tromsø oder Vardø ziehen. Wir gingen auch nach

Gotland in Schweden, wo die Regierung Beamtenstellen aus der Hauptstadt in die Provinzen verlagert hatte.

Die Serie *Dänemark am Abgrund* gipfelte schließlich in einer außergewöhnlichen politischen Debatte: Wir baten sieben Politiker und drei Geschäftsleute zu einer Diskussion in einen ehemaligen Wasserturm, der zu einem Museum umgestaltet worden war. Von oben im siebten Stock fiel der Blick auf eine der sozial schwächsten Gebiete in Dänemark.

Die Teilnahme machten wir von zwei Bedingungen abhängig: Die Teilnehmer sollten 24 Stunden lang anwesend sein und in dieser Zeit gemeinsam einen Aktionsplan entwerfen, der die wichtigsten Probleme der sozial schwachen Regionen Dänemarks anpackte. „Ihr seid naiv!", war die Antwort von einem der Politiker, als er widerstrebend seine Teilnahme bestätigte. Der damalige Innenminister, der Wissenschaftsminister, der damalige Vorsitzende der Sozialistischen Volkspartei und ihr späterer Staatssekretär, ein Mitglied der Dänischen Volkspartei, der Vorsitzende der Interessenorganisation kommunaler und regionaler Regierungen sowie der Bürgermeister der gastgebenden Stadt Tønder erklärten sich schließlich bereit, 24 Stunden lang zusammen mit drei Geschäftsleuten vor laufenden Kameras zu diskutieren.

Das Treffen war zugleich ein nationales Medien- und Politik-Experiment:

1. Können Politiker und Geschäftsleute trotz verschiedener Interessen und gegensätzlicher politischer Parteibindungen 24 Stunden lang zusammenarbeiten und zu Übereinstimmun-

gen kommen, wenn das Problem klar genug definiert und dokumentiert ist?
2. Kann die Presse den Rahmen für eine politische Lösung statt wie üblich für einen Konflikt anbieten?
3. Interessieren sich die Dänen für eine so anspruchsvolle Debatte, in der es einmal nicht darum gehen soll, verbitterte Argumente auszutauschen?

Zu Beginn waren alle Seiten skeptisch. Konnte diese Art der Zusammenarbeit wirklich gelingen? Konnten sich Journalisten tatsächlich darauf beschränken, lediglich einen Rahmen zur Verfügung zu stellen, ohne Einfluss auf das Ergebnis nehmen zu wollen? Würden die Teilnehmer auf die Gelegenheit verzichten, sich zu profilieren?

Ein Fernsehjournalist moderierte als Gastgeber die Diskussion und wurde in den hektischen Schlussminuten sogar als Sekretär tätig, als er das Diktat aufnahm, so dass die Teilnehmer die Vereinbarung noch vor der Frist unterschreiben konnten.

Es herrschte Einigkeit darüber, dass es sich bei der Frage nach der Stärkung strukturschwacher Regionen um ein Problem handelte, das Politiker anpacken können und müssen. Müde, aber stolz und von sich selbst überrascht unterzeichneten die Teilnehmer am Ende eine Vereinbarung, auf deren Grundlage sie in den kommenden Jahren eng miteinander kooperieren würden.

Diese Constructive News wurden umgehend im ganzen Land verbreitet: in den Rundfunk-Nachrichten, in den TV-

Nachrichtenkanälen, auf der Website von *DR*, in regionalen Radiosendern, in den Fernsehnachrichten und in einer Reihe von Printmedien, die die Debatte ebenfalls verfolgt hatten. Zu den empfohlenen Fördermaßnahmen gehörten die Installation eines schnelleren Breitband-Internets in entlegenen Gebieten, die Aufhebung veralteter Restriktionen und die Bereitstellung von Fördergeldern für Unternehmen, ein besserer Zugang zu Krediten und eine bessere Unterstützung für pendelnde Studenten aus abgelegenen Regionen. Die Gruppe präsentierte ihre Empfehlungen vor 700.000 Zuschauern und einem lokalen Studiopublikum in einer Live-Show. Nie zuvor hatte *DR* so viel positives Feedback aus allen Teilen des Landes erhalten. Es erreichten uns viele weitere Kommentare, Vorschläge und Ideen dazu, wie Dänemark in Zukunft den wirtschaftlichen Anschluss der ländlichen Regionen fördern kann.

Im Jahr darauf lud *DR* mehrere Sprecher aus dem Gesundheitswesen ein, Ideen zu entwickeln, wie angesichts der stark ansteigenden Kosten in der Krankenpflege die Qualität der gesundheitlichen Versorgung für die ältere Bevölkerung nachhaltig gesichert werden kann.

Als die dänischen Lehrer in einem siebenwöchigen heftigen Konflikt mit der Regierung standen, brachten wir sie drei Tage hintereinander in unserer Nachmittagsshow, *DR2 Dagen*, mit Politikern zusammen. Wir luden einen Mediator ein, der den Vertretern der Lehrergewerkschaft und den Politikern helfen sollte, einander zu verstehen. Wir brachten Lehrer, Schulleiter, Eltern und Schüler dazu, gemeinsam zu diskutieren, welche

Schritte notwendig waren, um die Bildung im Land zu verbessern. Wir stellten den Konfliktparteien neue Fragen. Statt erklärt zu bekommen, warum der jeweils andere Schuld ist, wollten wir von ihnen wissen, welches ihre eigenen Visionen für ein gutes Schulsystem waren, ob sie den Standpunkt der anderen Seite verstehen konnten und wo sie einen Kompromiss als möglich ansahen. Am Ende unterschrieben die Parteien im Studio zwar keinen Friedensschluss, aber die Zuschauer hatten erfahren, worum es in dem Konflikt ging, statt lediglich einem interessenpolitischen Boxkampf zu verfolgen.

Das dänische Primetime Politmagazin *Penge* (Geld) stellt die wirtschaftlichen Herausforderungen Dänemarks nicht mehr nur dar, sondern versucht, Anregungen zu möglichen Lösungen zu geben:

- Angesichts der Tatsache, dass viele Unternehmen tausende ihrer Mitarbeiter entlassen, machte es sich *Penge* zum Ziel herauszufinden, welche dänische Firma die meisten neuen Mitarbeiter eingestellt hatte, um darzustellen, wie sie das geschafft hatte und was andere Firmen daraus lernen können.
- Aufgrund der ungewöhnlich hohen Verschuldung vieler junger Privathaushalte berichtete Penge von der Arbeit eines Schuldenberaters, der seinen Klienten dabei hilft, Ausgaben zu senken und einen realistischen Finanzplan aufzustellen, so dass auch betroffene Zuschauer davon profitieren konnten.
- Da die Zahl junger Menschen, die Erwerbsunfähigkeitsrenten beziehen, enorm gestiegen ist, ließen wir eine

24-jährige Frau zu Wort kommen, die sich über den abgelehnten Rentenantrag wegen ihrer Rückenschmerzen beklagte. Wir begleiteten sie in ihrem Alltag und fanden heraus, dass ihre Schmerzen vergessen sind, sobald sie am ihr Flughafen auf dem Weg in sonnigere Gefilde ihr Gepäck mit sich schleppt. Wir stellten ihr die Frage, ob es wirklich angemessen wäre, wenn sie und tausende andere junge Menschen langfristig vom Arbeitsmarkt und aus der Gesellschaft ausgeschlossen sind, wenn sie doch offensichtlich in der Lage sind, wenigstens einen Teil ihres Einkommens selbst zu erzielen? Ist es in diesem Fall nicht unfair, zu verlangen, dass die Gesellschaft den Lebensunterhalt bezahlen soll?

Wir schauten in die Niederlande, wo eine Reform der Regelungen zur Frühverrentung dazu geführt hatte, dass 30 Prozent der jungen Leute, denen vorher eine Erwerbsunfähigkeitsrente zuerkannt worden war, jetzt wieder auf dem Arbeitsmarkt tätig waren, was wiederum auch den Einnahmen der lokalen Gemeinden zugutekam. Schließlich führten wir ein Interview mit der zuständigen Sozialministerin, um zu erfahren, wie genau das bestehende Regelwerk geändert werden konnte und wie der Wohlfahrtsstaat ihrer Meinung nach in Zukunft gestaltet werden sollte.

2013 starteten wir mit *DR Ultra* einen neuen Fernsehkanal für Kinder zwischen acht und zwölf Jahren. Eines seiner ganz neuartigen Formate nannten wir *Das Ultra-Haus*. Es handelte sich um eine Reality-Show mit konstruktiver Zielsetzung: Grundschulkinder erzählten sich untereinander von ihren Problemen, von Mobbing, Liebeskummer, der Scheidung der Eltern oder davon, dass Freunde sie zum Rauchen oder Trinken gezwungen hatten. Die Idee war, dass die Kinder sich mit der Unterstützung eines Erwachsenen gegenseitig helfen und sich Ratschläge geben, wie sie mit diesen Problemen, mit denen höchstwahrscheinlich auch viele andere gerade zu tun hatten, umgehen können. Im Gegensatz zu anderen Reality Formaten wurde hier niemand herausgewählt. Ins Ultra-Haus wurden ganz im Gegenteil alle hineingewählt.

Im Herbst 2013 starteten wir ein neues Programm auf unserem Hauptkanal *DR1*: Jeweils vier Einwanderer zogen zu muttersprachlichen Dänen, um die schwierige dänische Sprache zu lernen. Die Zuschauer bekamen mit, wie wichtig es für den Integrationsprozess ist, die Landessprache zu erlernen – und auch wie schwierig. Die Einwanderer und die Dänen lernten sich besser kennen. Daraus entstanden viele neue Freundschaften.

Wir lancierten eine Serie von Online-Artikeln über grüne Energie und brachten im Radio- und Fernseh-Programm Geschichten, die zeigten, wie man durch ein verändertes Verhalten Geld sparen und der Umwelt nützen konnte.

2011 und 2012 kooperierten wir mit dem Thinktank *Monday Morning*, um neue dänische Helden zu küren. Wir nannten den Wettbewerb *Vaext Factor* (Wachstumsfaktor): Unternehmer und Gründer wetteiferten vor drei Juroren im Magazin *Penge* darum, wer das größte Potential hat, Jobs nach Dänemark zu bringen oder hohe Umsätze zu erzielen. Zur besten Sendezeit stellten wir über drei Wochen unsere Kandidaten vor: Einen Einwohner der dänischen Insel Bornholm, der dänische Lakritze an Unternehmen in der ganzen Welt liefert. Einen genialen Unternehmer aus Westjütland, der mit seinem Hightech-Temperaturverfahren für Getreidesilos die Vergeudung von Lebensmitteln weltweit um ein Fünftel senken könnte. Einen Einwohner aus Skagen, der einen landesweiten Lieferdienst für Fisch gegründet hatte. Und einen dänisch-französischen Firmengründer, der seine Software zur elektronischen Patientenverwaltung an dänische Krankenhäuser und Einrichtungen in der ganzen Welt verkauft.

Keine Konflikte, keine Verbrecher und keine Opfer. Nur Unternehmergeist, Hingabe, Innovation und der Wille, etwas Gutes zu bewirken. Ist das ein funktionierender journalistischer Cocktail für gutes Fernsehen? Absolut, zumindest wenn wir die 500.000 Dänen fragen, die die Serie drei Wochen lang verfolgten. Unter ihnen eine Mutter, die dem Produzenten des Programms folgende Nachricht schickte: „Es ist wirklich großartig, dass Sie Programme wie *Vaext Factor* machen, mit denen Sie die jungen Leute inspirieren können. Uns und den Kindern hat die Show wirklich gut gefallen. Endlich mal etwas, was man auch sehen will. Und etwas, das hilft, unsere Gesellschaft in die richtige Richtung zu bewegen – wir können auf dem Weg dorthin ja nicht nur tanzen und singen..."

Ein Paradigmenwechsel

Für Maja Dalsgaard und Tine Møller Pedersen sind solche Reaktionen nicht überraschend. Sie haben 2009 ihre Masterarbeit in Kommunikationswissenschaften an der Roskilde Universität über Constructive News geschrieben. Anhand von qualitativen Fokusgruppen-Tests zu Nachrichtensendungen aus dem Fernsehen kamen sie zu dem Schluss: „Die jüngste Einführung von positiven und lösungsorientierten Elementen der Constructive News hat sich als sehr beliebt herausgestellt."

Weiter notierten sie: „Unsere Analyse hat gezeigt, dass negative und dramatische Nachrichten viele Frauen nervös machen und viele Männer irritieren, ohne sie wirklich zu informieren. Viele Dänen haben negative Nachrichtensendungen und deren ‚Gefühls-Pornos' satt. Geschichten über Erfolge ziehen die Aufmerksamkeit stärker auf sich, weil sie den Eindruck vermitteln, dass bei all den Problemen, die Journalisten so zielgerichtet finden, trotzdem eine Menge getan werden kann. Die größte Stärke von Constructive News besteht darin, dass sie eine bessere und qualifiziertere öffentliche Debatte anstoßen."

Das Ziel, die Menschen zu inspirieren, gehört zur Gesamtstrategie von *DR* und hat sich über unsere Redaktionen hinaus verbreitet. Vor einigen Jahren schlossen wir uns der Kampagne *Schrumpfen wir eine Stadt* aus der Provinzstadt Ebeltoft an, mit der etwas gegen Übergewicht getan werden sollte. Wir bringen Shows, in denen ganz normale Dänen sich gegenseitig darin unterstützen, schwierige Entscheidungen in ihrem Leben zu treffen. Wir bringen Dänen und Einwanderer zusammen, damit sie durch das gegenseitige Sich-Kennenlernen ihre Vorurteile überwinden können.

In unseren Fernseh- und Radiosendungen wurden Constructive News als Ergänzung des traditionellen Kriterienkatalogs für Nachrichtenwerte eingeführt. In den einzelnen Hauptnachrichtensendungen wollen wir mindestens eine Geschichte bringen, die konstruktiv verankert ist. Obwohl wir wissen, dass unser Wissen zu Constructive News noch nicht perfekt ist, veranstalten wir weiterhin Kurse und experimentieren in unseren Formaten mit Form und Inhalt. Es ist nicht mehr nur Chefsache, für die täglichen Geschichten einen konstruktiven Ansatz zu finden. Die neue Perspektive ist bis zu den Redakteuren durchgedrungen. Für sie werden konstruktive Geschichten allmählich zur Routine.

Auch die Zuschauer nehmen den Unterschied zu vorher wahr, wie die Abteilung Medienforschung bei *DR* belegen kann: Erstmals seit zehn Jahren assoziiert ein repräsentativer Bevölkerungsquerschnitt mit den beliebtesten Fernsehnachrichten von TV *Avisen* um 21 Uhr 30 wieder Begriffe wie: glaubwürdig, relevant, informativ, konstruktiv, nützlich, lösungsorientiert und sozial verantwortlich. *TV Avisen* ist inzwischen wesentlich beliebter als ein konkurrierender Kanal, der von den Zuschauern als aufregend, spannend – und nicht zuletzt unterhaltend eingeordnet wurde.

Es spricht sich herum, dass es funktioniert: Das regionale Produktionszentrum von *DR*, *DR Fyn*, und die Regionalzeitung *Jyske Vestkysten* haben bei einer Serie zusammengearbeitet, die Lösungen zu regionalen Herausforderungen zusammentragen will; die Journalisten-Schulen in Aarhus und Odense bilden zukünftige Redakteure in Constructive News aus; eine „Danish Society for Constructive Journalism" hat sich gegründet, um den Einsatz von Constructive News zu erkunden und auszuweiten; und an Schulen wie dem Ingrid Jespersen Gymnasium in Kopenhagen wird im Medienunterricht anhand von Constructive News diskutiert, wie Nachrichteninhalte für die neue Generationen ansprechender gestaltet werden können.

Bei *DR News* glauben wir, dass Führung durch Bestärkung dessen ausgeübt wird, was gefördert werden soll, und nicht durch Kritik an den Dingen, die man nicht mag. Deshalb vergeben wir Preise für die besten kritischen und konstruktiven Examensarbeiten in den nationalen Journalisten-Schulen. Intern vergeben wir einen Preis für die beste konstruktive Nachrichten-Geschichte. 2012 wurde er zum ersten Mal verliehen und ging an einen Redakteur, der über den Vater eines autistischen Kindes berichtet hatte: Als dem Mann klar wurde, dass er in einer Gesellschaft lebt, die auch im Berufsleben vor allem auf die Einschränkungen seines Sohnes achten würde, gab er seinen Job auf und gründete eine Beratungsfirma: *Die Spezialisten* vermitteln Menschen mit Autismus in Software-Unternehmen, Banken, Prüfgesellschaften und Supermärkte, da sich diese Menschen oftmals überdurchschnittlich gut auf Zahlen und Details konzentrieren können. *Die Spezialisten* sind inzwischen in 13 weiteren Ländern tätig. Der Journalist berichtete von der Vision des Vaters, bis 2020 weltweit mehr als eine Million Menschen mit Autismus in das Arbeitsleben zu vermitteln – und zwar indem ihre Fähigkeiten herausgestellt werden statt ihrer Einschränkungen.

Constructive News – damals

Der amerikanische Journalist Walter Lippmann veröffentlichte 1922 sein Buch *Public Opinion*. Dort schrieb er: „Die Art, wie die Welt wahrgenommen wird, bestimmt in jedem einzelnen Moment, was die Menschen tun."

Zwei große Herausgeber amerikanischer Presseprodukte im späten 19. und frühen 20. Jahrhundert, Joseph Pulitzer und Randolph Hearst, hätten dem zugestimmt. Sie waren der Auffassung, dass ihre Blätter, die *New York World*, der *San Francisco Examiner* und *Morning Journal* nicht nur berichten, sondern sich auch an politischen Debatte beteiligen und diese unterstützen sollten, insbesondere wenn es darum geht, wie die Probleme in den jeweiligen Erscheinungsregionen gelöst werden können. Beide Journalisten hätten wohl zugestimmt, dass sie auch dadurch mit ihren Medien erfolgreich wurden.

Peter Bro, Journalismus-Professor an der Universität Süddänemark, stellt fest, dass diese journalistische Haltung im 20. Jahrhundert wieder verschwunden ist. Pulitzer und Hearst überschritten beide eine Grenze; sie waren mehr als nur Verleger, sie engagierten sich persönlich und in ihren Blätter direkt in der Parteipolitik. Um in der Öffentlichkeit mehr Vertrauen zu gewinnen, begann eine vermeintlich unabhängige Presse in den USA und Europa daher, den Standpunkt des Herausgebers vom journalistischen Inhalt zu trennen.

„Herausgeber und Redakteure fanden es zudem wichtiger, die demokratischen Repräsentanten direkt zu ihren Programmen und Lösungsansätzen zu fragen, als normale Bürger mit einzubeziehen", notiert Bro. „In den letzten Jahrzehnten des 20. Jahrhunderts, die geprägt waren von einer Mischung aus Idealismus und Kommerz, experimentierten immer mehr Journalisten und Herausgeber auf beiden Seiten des Atlantiks mit neuen journalistischen Formen, in denen Bürger wieder mehr einbezogen wurden. Die Medien versuchten ihren Gesellschaften wieder aktiv dabei zu helfen, Probleme zu lösen."

Die Experimente trugen Namen wie öffentlicher Journalismus, bürgerschaftlicher Journalismus, Bürger-Journalismus oder lösungsorientierter Journalismus – sie standen für eine beginnende Tendenz zur konstruktiveren Berichterstattung.

„Die internationale Forschung hat sich sehr viel mit dem Journalismus in Dänemark beschäftigt, wo die Presse mit neuen Formen und Nachrichtenformaten experimentiert. Konstruktiver Journalismus hat sich inzwischen etabliert, diese Richtung wird weiter fortgeführt", schreibt Bro 2014 in einem Beitrag für die „Danish Society for Constructive Journalism", in der sich Wissenschaftler, Studenten und Berufsjournalisten über ihre Ideen und Erfahrungen austauschen können.

Auch die Mitglieder dieser Gesellschaft teilen die schon von Lippmann 1922 formulierte Einsicht, dass Medien einen entscheidenden Anteil daran haben, wie Menschen die Realität wahrnehmen und in ihr handeln. Journalismus bestimmt Prioritäten: Das, was in den Nachrichten und Schlagzeilen aufgegriffen wird, gelangt in das öffentliche Bewusstsein. Ich möchte noch einmal wiederholen, dass die kritische Wachhund-Funktion ein wesentliches Element des Journalismus bleibt. Wer sonst sollte Korruption und andere Arten des Vertrauens- und Machtmissbrauchs in Politik und Wirtschaft aufdecken? Wir bei *DR* sind daher stolz, 2013 den Cavling-Preis für investigative journalistische Berichterstattung erhalten zu haben. Wir bringen weiterhin auch gnadenlos kritische Geschichten ohne jede konstruktive Absicht.

Constructive News sind eine Ergänzung unserer Arbeit; sie fordern unser angelerntes Wissen über die Nachrichtenproduktion heraus.

Der Wandel der Nachrichten-Perspektive

Vergangenheit: In der Epoche des Zeitungsjournalismus ging es in den Nachrichten darum, was gestern geschah.

Gegenwart: In Zeiten von Live-TV und Online-Publizistik geht es in den Nachrichten vor allem um das ‚Jetzt', um diesen konkreten Augenblick.

Zukunft: Constructive News richten ihr Augenmerk auf ein besseres Morgen. Das gibt dem Jetzt eine Perspektive, ohne die Vergangenheit zu ignorieren.

Der finnische Chef des Thinktanks *EVA,* Matti Apunen, erklärte einer Gruppe skandinavischer Nachrichtenleute aus den öffentlichen Rundfunkanstalten in Helsinki: „Um bedeutsam zu sein und überleben zu können, müsst ihr mehr sein als ein Newsroom. Ihr musst ein Teil der Losung sein."

Zu ihrer positiven Überraschung bestätigte sich das für die Redaktion des Regionalradios *DR P4* aus Kopenhagen. Dort hatte man entschieden, im Herbst 2013 eine Woche lang die journalistische Praxis zu erweitern und vorwiegend Nachrichten und Berichte mit konstruktiven Ansätzen zu senden. Redakteurin Kathrine Asp Poulsen erinnert sich an das Feedback der Hörer: „Noch nie haben wir unsere Hörer so sehr angesprochen. Unsere Mailbox explodierte geradezu, es waren lauter Ermutigungen, so weiterzumachen."

Die Hörerin Ann-Britt Braunscheier zum Beispiel kommentierte: *„Was für eine großartige Idee! Das hat mir direkt aus der Seele gesprochen. Die Welt wird nicht besser, wenn wir die Probleme ignorieren. ABER sie wird auch nicht besser, wenn wir im schwarzen Loch der Negativität steckenbleiben."*

Jette Lauritsen schrieb: *„Vergesst nicht, dass ihr beides sein könnt, kritisch und positiv."*

Und auch Claus Rosenquist vertrat viele Kopenhagener Bürger, als er bat: *„Bitte macht mit dieser genialen Idee eurer Woche des Ja weiter. Unglaublich gutes Radio."*

Vergesst die Ursprünge nicht

In Zeiten der permanenten und rasanten Weiterentwicklung von Technologien, Vertriebskanälen und Finanzierungsmodellen im Journalismus ist es wichtiger denn je, sich auf die grundlegenden Werte und Funktionen des Journalismus zurückzubesinnen.

Christiane Amanpour brachte das in ihrer Keynote auf der *NewsXchange* Konferenz im November 2013 in Marokko brillant auf den Punkt: „Ein professioneller Journalist hat viele Jahre seines Lebens damit verbracht hat, zu studieren, zu arbeiten, zu entscheiden und zu handeln. Er hat dadurch Lebensweisheit, Erfahrung und Glaubwürdigkeit erlangt. Dies alles ist unersetzlich. Unser Publikum will wissen, ob die Journalisten, die ihnen die Nachrichten bringen, verstehen, wovon sie reden. Sind sie vertrauenswürdig und integer? Ist es wahr, was sie sagen oder schreiben? Diese Ansprüche dürfen wir nicht hergeben und glauben, die Zukunft gehöre den sozialen Medien. Social Media sind toll, sie liefern uns viele Informationen. Aber soziale Medien sind kein Journalismus. Sie sind Information. Journalismus ist das, was wir aus Informationen machen. Also müssen wir an unsere professionelle Funktion glauben. Wenn wir nicht an uns glauben, tut es auch niemand anders. Wir müssen diese Fahne hochhalten: Unser Journalismus ist eine integre, glaubwürdige, erfahrene und zuverlässige Quelle, an der sich die Menschen orientieren können, wenn sie wissen wollen, was derzeit geschieht ... Aber wir müssen auch daran denken, unseren Berufszynismus auszubalancieren.“

Diese Balance zwischen den verschiedenen Funktionen des Journalismus ist schwer zu finden. Er soll primär dem Guten in der Welt dienen und dabei zugleich kritisch und konstruktiv sein sowie wichtige, fesselnde und inspirierende Geschichten erzählen.

Aber lasst uns mutig und naiv wie ‚Bob the Builder' aus dem Kinderfernsehen weiterhin dem Slogan folgen, den ihm ein amerikanischer Präsident gemeinerweise gestohlen hat: „Yes, we can."

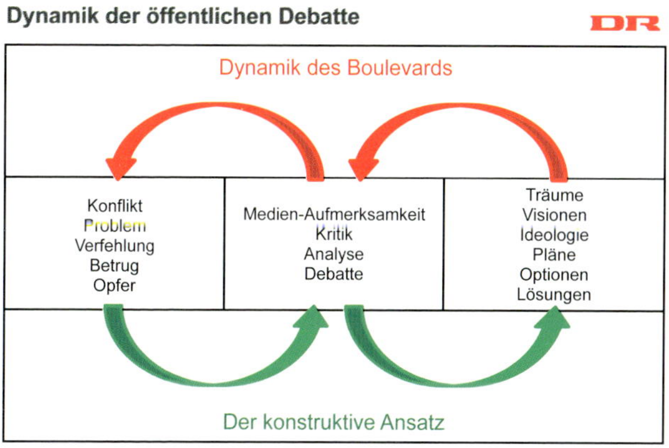

Dieses Modell veranschaulicht die klassische Dynamik einer demokratischen öffentlichen Debatte: Die Aufmerksamkeit der Medien und die Rhetorik der Politiker richtet sich auf Konflikte, Probleme und Vorwürfe, auf Verfehlungen und Opfer (rote Pfeile). Dabei ist das Risiko, dass die Gesellschaft in der Vergangenheit stecken bleibt. Die grünen Pfeile veranschaulichen den konstruktiven journalistischen Ansatz, der den Fokus der öffentlichen Debatte weg von den Problemen und hin auf gemeinsame Werte und lösungsorientierte Handlungsansätze richtet.

Haben wir uns verändert? Sechs Jahre später

DR News, TV-Avisen, 8. September 2014:

1. Willkommen bei TV Avisen!
2. Es gibt einen neuen Plan, wie junge Einwanderer vom Kampf für den Islamischen Staat in Syrien abgehalten werden können.
3. *DR* kürzt sein Budget und investiert in die Zukunft des öffentlichen Dienstes.
4. Milliarden-Ausgaben für die Wissenschaften an der Universität Aarhus.
5. Das öffentliche Vertrauen in das Steuersystem sinkt dramatisch.
6. Die Opposition unterbreitet Pläne, mehr Investitionen für die Krebsbehandlung zu tätigen.
7. Heftige Regenfälle treffen Westdänemark.
8. Teenager haben ihren ersten Sex nicht früher an als vor 50 Jahren
9. 1.200 Häftlinge wurden in der Ostukraine freigelassen: wachsende Hoffnung auf Frieden.
10. Politiker versuchen, Schottland vom Votum für den Austritt aus Großbritannien abzuhalten.
11. 1.600 afrikanische Flüchtlinge wurden aus dem Mittelmeer gerettet.
12. Die britische Prinzessin erwartet ein zweites Kind.
13. Ein alter Mordfall in London wurde mit Hilfe von DNA-Technik gelöst.

14. Bürger kämpfen gegen Vorurteile gegenüber lokalen Supermärkten und unterstützen sie.
15. Schließlich das Wetter: Gestern Regen, aber es sind sonnige Tage im Anmarsch...

Konstruktive Nachrichten sind nicht

- unkritisch
- oberflächlich
- naiv
- irrelevant
- unspektakulär
- langweilig
- blind für Weltprobleme
- die süße Geschichte zum Ende der Nachrichten

Konstruktive Nachrichten bieten

- einen Ausweg
- Hoffnung
- Inspiration zu Lösungen
- Aktivierung
- Bildung
- Engagement
- Perspektive
- Positivität

Kapitel 5

Bessere Nachrichten

Beispiele für Best Practice

Sei positiv. Tu etwas. Glaube daran.
Interner Slogan im Fahrradteam Saxo

„Ich habe gute Nachrichten", schrieb Arianna Huffington am 12. Januar 2012 auf dem Portal, das sie vor sieben Jahren gestartet hatte: *The Huffington Post* hat sich im Zeitalter digitaler Nachrichten zu einem innovativen Spitzenreiter im Nachrichtenbusiness entwickelt, der an den alten Gewohnheiten und Finanzierungsmodellen rüttelt. 2013 wurde *The Huffington Post* neben *CNN* zum zweitgrößten Nachrichten-Produzenten in den USA. *HuffPost Good News* wurde dort 2012 als Sparte neu eingeführt. Das Motto: „Ein Schlaglicht auf das, was inspiriert, was positiv ist und funktioniert. *Huffington Post Good News* erzählt Geschichten, die die allermeisten Medien nicht beachten."

Als *HuffPost Good News* an den Start ging, erläuterte Huffington die Idee: „Überall im Land vollbringen Menschen und Gemeinschaften bemerkenswerte Dinge. Sie überwinden große Schwierigkeiten und stellen sich echten Herausforderungen, in dem sie Durchsetzungsvermögen, Kreativität und Anstand beweisen. Aber solche Geschichten werden online, in den Zeitungen und im Fernsehen kaum erzählt, (wo wir ohnehin schon mit Negativwerbung nur so bombardiert werden). *HuffPost Good News* wird mit einer Vielfalt von Erzählformen versuchen, die breite Kluft zu überbrücken, die die Welt, wie sie ist, von der Welt trennt, wie die Mehrheit unserer Medien sie darstellt. ... Diese Medien rechtfertigen ihr Vorgehen oft damit, dass ihre Storys genau das sind, ‚was die Leute hören wollen'. Wir glauben das nicht; *HuffPost Good News* ist unsere Antwort auf diesen Zynismus und seine Problematik."

Die erste Ausgabe brachte ein Portrait der 29-jährigen Sarah Churman, die mit Hilfe eines Hörimplantats zum ersten Mal ihre eigene Stimme hören konnte – das Video fesselte Millionen Zuschauer auf YouTube. *HuffPost Good News* bietet auch eine Plattform für Blogger. Desmond Tutu war einer der ersten. Er erinnerte sich gerührt an den Kampf für das Ende der Apartheid: „Die guten Nachrichten von all den Menschen, deren Taten uns daran erinnern, dass wir alle an der Liebe und Gerechtigkeit Gottes teilhaben, halten uns aufrecht und stärken uns."

Eineinhalb Jahre später stellt Huffington fest, dass es einen wachsenden Markt für diese Form des Journalismus gibt: „Einfach nur Nachrichten darüber zu bringen, was fehlerhaft ist und falsch läuft, ergibt kein vollständiges oder wahres Bild dessen, was insgesamt geschieht. Wie erwartet waren wir nicht die einzigen, die ergänzend Geschichten teilen wollten über Dinge, die gut gelingen. Im ersten Monat erreichte *Good News* 5,6 Millionen Einzelbesucher. In den Folgemonaten konnte ein Schnitt von fünf Millionen Einzelbesuchern gehalten werden. Derzeit liegt die Quote bei fast 15 Millionen Seitenaufrufen und einer Million Empfehlungen monatlich."

Der CEO der *Huffington Post* Jimmy Maymann hat aus dieser Erfahrung mit Constructive News zwei wichtige Dinge gelernt: „Unsere Statistik zeigt, dass konstruktive Geschichten weit mehr als üblich in den sozialen Medien geteilt werden – was für uns extrem wichtig ist. Diese Tatsache ist auch kommerziell relevant: Unsere Werbekunden bevorzugen inzwischen die *Good News* Sektion und schalten Anzeigen dort viel häufiger als in jeder anderen Sparte, die wir publizieren. Nicht, dass es unsere Absicht war, die Werbemacher direkt anzusprechen. Aber es hat sich herausgestellt, dass *Good News* viele Monate im Voraus ausgebucht sind. Insgesamt haben wir dadurch auch belegt, dass diese Art von Journalismus nicht nur für das Publikum und die sogenannte Wahrheit besser ist, sondern auch für das Geschäft."

Die neue Rolle der Regionalzeitung

In der Redaktion der dänischen Regionalzeitung *Fyens Stiftstidende* auf der Insel Fyn ist man vom Erfolg der *Huffington Post Good News* Abteilung nicht überrascht. *Fyens Stifistidende* hat seit drei Jahren eine stabile und leicht steigende Auflage zu verzeichnen, und das in einer Zeit, in der andere Zeitungen jährlich zwischen 10 und 15 Prozent ihrer Leser verlieren.

Chefredakteur Per Westergård hat der Gedanke der konstruktiven Nachrichten inspiriert, und er ist sich sicher, dass der neue strategische Fokus auf ermutigende Nachrichten das Schlüsselelement für den Erfolg seiner Zeitung ist: „Oftmals liegen Lichtjahre zwischen dem, was ein Leser als eine gute Geschichte einstuft, und dem, was Journalisten für eine gute Geschichte halten. Wenn man Leser fragt, werden sie sagen, ‚dass die Zeitungen neue Ideen abwürgen, bevor sie überhaupt eine Chance hatten', oder ‚dass die Zeitung niemanden jemals eine Vision vorstellen lassen' oder ‚dass die Zeitung auf eine negative Sicht der Dinge beschränkt ist'. Sie sehen uns als einen Haufen missgestimmter, alter Nörgler, die auf Zigarrenstumpen kauen."

Und er fährt fort: „Als Journalisten sind wir dazu erzogen worden, auf der Empore zu sitzen und ein Auge darauf zu werfen, was in der Arena vor sich geht. Macht jemand einen Fehler, schlagen wir hart zu. Es ist quasi in unserer journalistischen DNA angelegt, uns auf das Unerwartete und Unübliche zu stürzen. Wir berichten, wenn es einen Unfall an einem Übergang gab, aber nicht darüber, dass gewöhnlich niemand beim Überqueren des Übergangs angefahren wird. Wir lieben dramatische Enthüllungen, die zeigen, dass die Mächtigen das eine sagen und das andere tun. Bei *Fyens Stiftstidende* haben wir uns gefragt, ob es möglich ist, unsere herkömmliche, kritische und beobachtende Funktion um ein aktiveres Element zu erweitern. Das heißt, das Blatt betritt die Arena, nimmt dort eine aktive Rolle ein und beeinflusst das Geschehen. Und unsere Antwort auf diese Frage lautet: Ja!"

Westergård gehört zu den Chefredakteuren, die es als ihre wichtigste Aufgabe ansehen, mit der Funktion zu experimentieren, die seine Zeitung der Gesellschaft und ihren Bürgern gegenüber einnimmt. Er hat verstanden, dass ein Produkt sehr wahrscheinlich an Auflage verlieren wird, wenn es Artikel, Nachrichten und Bilder auf dieselbe Art auf den Markt bringt wie in den Vorjahren.

Westergård erklärt: „Nur wenn wir den Inhalt unseres Blattes konstant erneuern, können wir seine Bedeutung für die Leser aufrechterhalten. Das gleiche gilt für unsere anderen Medien, ob gedruckt, online, Radio oder Fernsehen: Der Status quo ist keine Option mehr. Nachrichten um ihrer selbst willen sind nicht mehr genug. Wir müssen auf der Leiter der Werte ein paar Stufen nach oben klettern. Wir müssen weiter Nachrichten zeigen, aber Kontexte, Hintergründe, interaktive Elemente, Analysen und Einsichten hinzufügen. Wir müssen den Bürgern helfen, sich in der zunehmend komplexen Gesellschaft zurechtzufinden."

Um diese neue konstruktiven Strategie umzusetzen, war der erste Schritt die Einführung neuer journalistischer Formate – zum Beispiel der systematische Einsatz von grafischen Ergänzungen zu Artikeln: „Das kann die Lösung sein", „Wie es andere machen" und „Drei gute Ratschläge". Diese sogenannten Lösungs-Signale sind blau, rund und augenfreundlich gesetzt. Sie stehen nicht auf jeder Seite, aber in jeder Ausgabe.

„Die Idee dieser konstruktiven Signale ist, dass der Journalist nicht nur ein Problem beschreibt. Er soll sich so oft wie möglich die Frage stellen: Wie kann ich zu neuem Wissen beitragen? Wie kann ich die Leser mit diesen Erfahrungen inspirieren? Wie kann ich mit zu einer möglichen Lösung beitragen?"

Fyens Stifttidende hat außerdem Kampagnen für Constructive News durchgeführt, zum Beispiel unter dem Titel *Mehr Aktion in die Innenstadt*, mit der das Zentrum von Odense unterstützt werden sollte. Oder *So bestreiten wir unseren Lebensunterhalt*, um Bürger und Politiker in eine Diskussion über die steigende regionale Arbeitslosigkeit zu bringen.

Westergård ist eine besondere Figur in unserem Medienzirkus, denn er ist optimistisch: „Konstruktiver Journalismus hat keinesfalls mit der Abwesenheit von Kritik zu tun hat. Die Leser sagen, wir sind zu negativ. Aber sie sagen nicht, wir sind zu kritisch. Sie wollen weiter ihre kritische Zeitung. Sie wollen keine Zeitung, die Politikern und Geschäftsleuten lediglich das Mikrofon hinhält, damit das Bild reproduziert wird, das sie gern veröffentlichen wollen. Die Leser erwarten schon, dass wir PR, Spin und Interessenvertretung von den Fakten trennen. Sie erwarten, dass wir das Missverhältnis aufdecken zwischen dem, was die Macht sagt, und dem was sie tut. Gleichzeitig sagen die Leser aber auch: Hört auf, so negativ und missmutig zu sein. Zeigt uns, dass es in unserer Gemeinschaft Dinge gibt, die gut gelingen. Gebt neuen Ideen eine Plattform. Inspiriert uns. Bitte." Das Beispiel der *Fyens Stifttidende* dokumentiert, dass dieser Ansatz erfolgreich ist.

Die Zeit ist reif für DIE ZEIT

In der norddeutschen Stadt Hamburg ist man davon nicht überrascht. Die beiden renommiertesten deutschen Wochenzeitschriften *Der Spiegel* und *DIE ZEIT* haben ihren Sitz in der norddeutschen Metropole – beide wurden gegründet von Ikonen des deutschen Nachkriegsjournalismus. Heute verfolgen sie zwei völlig verschiedene inhaltliche Strategien.

Während *Der Spiegel* in den letzten beiden Jahren aufgrund des unaufhaltsamen Auflagenschwundes drei Chefredakteure entlassen hat, zelebrierte *DIE ZEIT* Rekordzahlen im Verkauf und hohe Anzeigengewinne. Und zwar unter dem bisherigen Chefredakteur und dem bisherigen Geschäftsführer.

Der Spiegel hat eine lange Tradition im kritischen investigativen Journalismus und in politischer Berichterstattung. Auf den kritischen Grundton ist man dort sehr stolz. 2012 präsentierte eine Werbeanzeige für das Nachrichtenmagazin das Bild einer Redaktionskonferenz mit der Schlagzeile: „Die Konferenz, die Politiker zittern lässt". Das Problem ist, dass *Der Spiegel* nicht mehr das einzige Medium ist, das auf diese Art von Journalismus setzt. Die Leser haben sowohl der gedruckten als auch der Online-Ausgabe den Rücken gekehrt. Die Auflage fiel von über einer Million im Jahr 2009 auf 883.000 fünf Jahre später. Der Umfang der geschalteten Werbeseiten hat sich im vergangenen Jahrzehnt noch dazu halbiert. Diese Fakten wären angesichts der allgemeinen Probleme in der Nachrichtenindustrie kaum verwunderlich, wäre da nicht das beeindruckende Wachstum bei den Konkurrenten von der *ZEIT*. *Der Spiegel* und *DIE ZEIT* haben eine ähnliche Zielgruppe von wohlhabenden gebildeten Lesern. Doch die Auflage der *ZEIT* ist seit 2002 um 22 Prozent gestiegen – auf eine Rekordzahl von 520.000. *ZEIT ONLINE* steigerte sich in 10 Jahren von monatlich drei Millionen auf 30 Millionen Aufrufen. Die Werbeeinnahmen nahmen um fast 75 Prozent zu. Die Auflage schoss um 58 Prozent in die Höhe – in einem Jahrzehnt, in dem andere deutsche Zeitungen Konkurs gegangen waren. Zwei weitere Nachrichtenmagazine, *Focus* und *Stern*, verlieren ebenfalls an Auflage. Was ist da los?

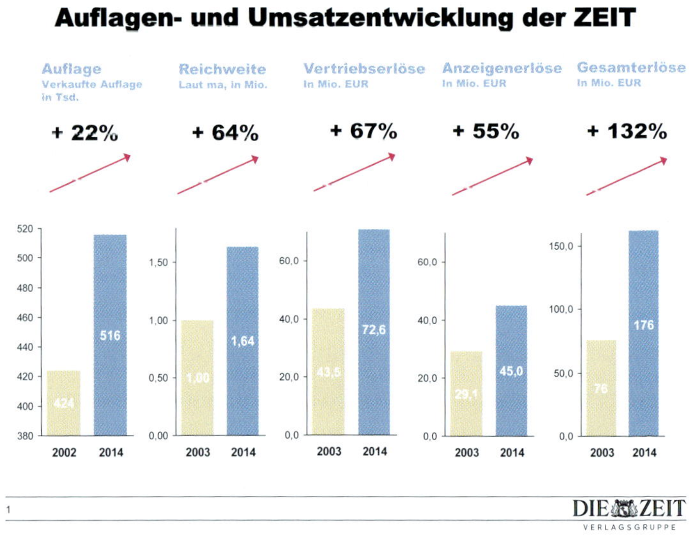

Rainer Esser, der Geschäftsführer des Zeit-Verlages, hat zwei Erklärungen: Während die meisten Wettbewerber Jobs strichen, um mit der Krise des Print-Journalismus fertig zu werden, hat DIE ZEIT weitere Mitarbeiter eingestellt. Der Redaktionsstab in den Print- und Online-Abteilungen wuchs in den letzten zehn Jahren von 120 auf 200 Kollegen. „In einer Zeit, in der die meisten Verlagshäuser ihre redaktionellen Ausgaben und Marketing-Etats kürzten, haben wir diese erhöht. Wir setzten auf Investitionen statt auf Kostensenkungen", sagt Esser.

Und weiter: „Uns interessieren nicht so sehr die Dinge, die in Deutschland nicht gut laufen. Uns interessieren vielmehr Themen, Angelegenheiten und Projekte, die gut funktionieren. Die Deutschen haben sich im letzten Jahrzehnt verändert. Sie sind relaxter, besser ausgebildet und klüger als viele Redakteure und ihre Chefs denken. Deshalb führen gute Redakteure und Chefredakteure mit ihren Lesern einen Dialog. Denn die Leser haben genug von Journalisten, die vorgeben, alles besser zu wissen, oder die einfach nur die News von gestern wiederholen, ohne einen Wert hinzuzufügen. Die Menschen in Deutschland und wahrscheinlich im übrigen Europa sind ermüdet von der herkömmlichen journalistischen Methode, wonach nur Bad News Good News sind. Leider haben viele Herausgeber, Journalisten und Chefredakteure diesen Wandel noch nicht zur Kenntnis genommen. Die Konsequenzen für die Branche sind nicht gut."

Ein Blick auf die Schwerpunkte der Berichterstattung an einem zufälligen Tag im Juli 2013 veranschaulicht den Ansatz der *ZEIT*.

Die Welt dargestellt für das Publikum der ZEIT

- Neue Hoffnung auf Frieden im Nahen Osten. Doch Abbas warnt die Israelis.
- Siemens stellt neuen Vorstandsvorsitzenden ein: Was sind die Probleme und wie kann er sie lösen?
- Das Leben geht weiter: Der Politiker Matthias Platzeck, tritt aus gesundheitlichen Gründen aus seinem Amt zurück. Experten glauben, dass diesem Beispiel weitere folgen werden.
- Syrien: Assad fällt – und nun?
- Ashton trifft abgelösten Mursi in Ägypten.
- Die (un-)möglichen Musik-Hits des Sommers.
- Einwanderer finden Arbeit in Deutschland. Drei junge Südeuropäer erzählen, wie sie es geschafft haben.
- Was sind die Trends der Zukunft?

Die Welt dargestellt für das Publikum des SPIEGEL

- Der Absturz des Goldpreises schadet der Schweizer Nationalbank.
- Kroatien verweigert Auslieferung von Kriminellen.
- Der Papst äußert sich über Homosexualität „Ein starker Anstoß"
- Polizisten erschießen einen Mann in einer leeren Straßenbahn.
- Überwachung im Alltag: In der falschen Funkzelle.
- Schwerkranker Teenager: „Der Tod kann mich mal."

Das Video-Angebot auf *Spiegel Online* (SPON) hatte Folgendes zu bieten:

- Italien: Hurrikan verwüstet ein Gewerbegebiet.

- Zugunglück in der Schweiz: Dutzende Verletzte, ein Toter.
- Rücktritt aus Gesundheitsgründen: Ministerpräsident Platzeck hört auf.

In der folgenden Woche im Sommer 2013 brachte *Der Spiegel* zehn Seiten über den Niedergang von Zeitungen und Printmedien. Keine Hoffnung, keine Zukunft, und kein einziges Wort über den Erfolg des Hauptkonkurrenten, darüber, dass eine Veränderung durch Strategiewechsel durchaus möglich wäre.

Esser: „Wir glauben, dass Printmedien viel erreichen können. Es gibt so viele Ideen. Und wir glauben, dass gute Beispiele hilfreich sind. Nicht nur der Fokus auf die Probleme."

Giovanni di Lorenzo ist seit über 15 Jahren Chefredakteur der *ZEIT*. Er meint, dass andere Medien vom Hamburger Modell lernen können: „Vor zehn Jahren steckte *DIE ZEIT* in einer ernsten Krise. Die Auflage fiel, die Reputation des Blattes war sehr problematisch. Wir hatten ein Defizit von 30 Millionen DM. Wir schrieben rote Zahlen. Damals konnten wir noch nicht das Internet dafür verantwortlich machen. Wir mussten die Schuld bei uns selbst suchen. Also mussten wir darüber nachdenken, was wir falsch gemacht hatten."

Um aus der Krise herauszukommen, veränderte *DIE ZEIT* ihren journalistischen Ansatz. Di Lorenzo formuliert es so: „Eine Lese-Erfahrung, die Woche für Woche daraus besteht zu erfahren, wie schlecht die Welt ist, so dass man am Ende nur noch die Decke über den Kopf ziehen möchte, scheint mir eine eher masochistische Veranstaltung zu sein."

„Nach der Lektüre müssen die Leser das Gefühl haben, etwas gelernt zu haben, von neuem Wissen zu profitieren. Oder sie haben eine neue Perspektive gewonnen, die ihnen vorher nicht offenstand, und die sie jetzt zufriedener macht. Am Ende müssen die Leute fühlen, dass es sich lohnt. Das grundlegende Gefühl muss sein: Es war gut, dass ich das Blatt gelesen habe. Wir in der *ZEIT* versuchen heute, einen Mix von verschiedenen Geschichten zu bringen. So dass es auch immer Geschichten gibt, die die Neugier wecken. Die Neues versprechen und möglicherweise einen konstruktiven Ansatz mitbringen. So erhalten Leser einen Blickwinkel auf ein Problem, von dem sie lernen können und der sich möglicherweise auf andere Bereiche übertragen lässt. Wir haben auch die Beteiligung der Leser gestärkt. Die besondere letzte Seite haben wir in eine Leserseite verwandelt. Sie enthält ausschließlich Beiträge von unseren Lesern. Dort gibt es eine sehr beliebte Kolumne mit dem Titel ‚Was mein Leben reicher macht'."

Die Botschaft verbreiten

Vielleicht würden die Medien gut daran tun, zur Kenntnis zu nehmen, dass es keine Nachfrage nach ‚mehr Nachrichten' gibt. Was das Publikum braucht, sind ‚relevante Nachrichten'. Es sollte nicht mehr länger unsere Aufgabe sein, immer mehr Nachrichten von der Art zu verbreiten, die ohnehin überall verbreitet werden. Vielmehr gilt es, Orientierung anzubieten.

Im Februar 2013 war ich zur Teilnahme an einer Diskussion mit 40 Kollegen auf einer Konferenz der Ditchley Stiftung in Oxford eingeladen. Es ging um die Schlüsselfrage: Istserioser Journalismus noch möglich? Das gab mir die Gelegenheit, die Ideen von Constructive News zu präsentieren – vor Chefredakteuren, Herausgebern und führenden Medien-Fachleuten der *New York Times*, von *Le Monde, Le Pressa, The Washington Post, The Globe and Mail, Hürriyet, The Economist, The Independent, Times Newspapers, BskyB, Digital First Media, Swedish Radio, BBC News, The Guardian, The Daily Star of Bangladesh* und *Reuters Institute*.

Nach vier Tagen Diskussion waren wir uns einig: Ja, es gibt einen Markt für seriösen Journalismus. Aber der Beruf des Journalisten muss sich grundlegend ändern.

„Ein Phänomen, das viele potentielle Konsumenten abschalten lässt, ist die Endlos-Schleife von negativen Geschichten in einem Großteil der Medien. Natürlich sind Misserfolge, Katastrophen und Trennungen interessanter, als reine Propaganda. Doch könnten wir nicht mit gelegentlich ‚konstruktiverem' Journalismus diese negativen Geschichten ein wenig ausbalancieren? Schließlich tendieren sie dazu, das Bild der Realität zu verzerren. Zum Beispiel verschleiern anhaltende Berichte über Kriminalität eine sinkende Kriminalitätsrate. Das sollte natürlich nicht dazu führen, gescheiterte Strategien für den Verkauf von ‚Good News'-Produkten wieder aufzunehmen. Vielmehr sollte jetzt der Akzent darauf liegen, dass wir zeigen, was in verschiedenen Bereichen gut läuft, um daraus Lehren ziehen zu können. Geschichten, warum und wie zum Beispiel bestimmte regionale Verkehrsunternehmen oder Bildungseinrichtungen erfolgreich sind, konnten für viele Menschen von Interesse sein. Dieser Gedanke stieß auf eine vorsichtige, wenn auch skeptisch gefärbte Unterstützung."

Eine zurückhaltende Unterstützung drückte sich auch im Feedback auf meine Präsentation der Ideen von Constructive News auf dem Weltkongress der Herausgeber und Chefredakteure der Zeitungsverleger in Wien 2011 aus. Seitdem hat auch der norwegische Staatssender NRK entschieden, konstruktive Meldungen in seine Nachrichten-Shows einzuführen. Immer mehr internationale Kollegen besuchen inzwischen DR, um von unseren Erfahrungen zu hören.

Die *Europäische Rundfunkunion* (EBU) führt heute Meisterklassen zu Constructive News für Redakteure und Reporter aus öffentlichen Sendeanstalten in Europa durch – die ersten zwei Jahre fanden sie bei *DR* in Kopenhagen statt. Die EBU sieht die Constructive News als einen möglichen Megatrend für die öffentliche Sender wie *BBC*, *ZDF*, *TF1* und *RAI*: „Konstruktiver Journalismus gehört zum Pflichtwissen und Pflichtkönnen von morgen", erklärt Nathalie Labourdette von der Eurovisions-Akademie der EBU.

„Das Nachrichten-Publikum verändert sich. Es wird unbeständiger und besorgter zugleich. Konstruktiver Journalismus ist die Antwort auf die Frage, warum der Qualitätsjournalismus der öffentlich-rechtlichen Medien immer noch wichtig ist. Er gibt unseren Nachrichten eine klare Aufgabe vor."

In Finnland hat der schwedischsprachige Sender *YLE* Constructive News zum wesentlichen Bestandteil seiner Zukunftsstrategie gemacht. Nachrichtenchef Jonas Junger erklart wie und warum: „Zuerst löste diese Idee viel Kopfschütteln und Misstrauen aus – innerhalb und auch außerhalb unserer Redaktion. Sollte ein seriöser Nachrichten-Anbieter plötzlich Sonnenschein-Geschichten erzählen? Ist es nicht die wesentliche Aufgabe des Journalismus, Fehler und Versagen aufzudecken? Ich denke schon. Aber gehört es nicht auch zu unserem Job, konstruktiv zu sein, mögliche Lösungen zu zeigen und zu helfen, eine bessere Gesellschaft zu bauen? Das waren die Fragen, die wir uns allmählich zu stellen begannen. Unsere Nachrichtenabteilungen, fünf regionale Studios eingeschlossen, wurden gebeten, nach Geschichten Ausschau zu halten, die mit der bloßen Darstellung von Problemen nicht aufhören, sondern weiter gehen. Begriffe wie Alternative, Lösung, Inspiration und Vision waren plötzlich keine Phrasen mehr, sondern relevante Kriterien für unsere Nachrichten. In wenigen Monaten zählten wir 120 Meldungen mit konstruktiven Nachrichtenelementen. Und wir sind mit dem Ergebnis so zufrieden, dass sie Teil unseres Nachrichtenflusses und unserer täglichen Gespräche geworden sind."

Beim schwedischen Nationalsender *SVT* ließ die Auslandschefin Ingrid Thörnquist sich dazu inspirieren, die Auslandsberichterstattung umzugestalten. Sie erläutert: „Wir mussten uns eingestehen, dass wir unseren Zuschauern hauptsächliche negative Berichte über die Welt zeigten. Wir haben eingesehen, dass wir das ändern müssen."

Eine der ersten Maßnahmen war der Start einer einjährigen Serie mit dem Titel *Das neue Afrika*, in der hoffnungsvolle Geschichten aus dem dunklen Kontinent berichtet wurden: „Wir ignorierten nicht die Kriege, den Hunger und die anderen düsteren Seiten, die ohnehin in den anderen Nachrichten zu finden sind. Aber wir hielten auch Ausschau nach Geschichten, bei denen es Fortschritte gab, wir berichteten von Menschen, die Gutes tun, von Projekten, die erfolgreich waren. Und die Reaktionen unserer Zuschauer waren alles in allem sehr zufriedenstellend."

Eine Zuschauergruppe allerdings war mit dem nuancierteren Bild von Afrika, das *SVT* zu zeichnen begann, nicht ganz einverstanden. Die schwedischen Hilfsorganisationen begannen eine öffentliche Debatte, in der sie *SVT* vorwarfen, dass es angesichts dieser Berichterstattung schwieriger würde, die schwedische Öffentlichkeit und Politiker zu Spenden für Projekte in Afrika zu überreden. Der schon erwähnte schwedische Professor Hans Rosling, der anhand seiner statistischen Erhebungen die Vereinten Nationen und Regierungen berät, trat *SVT* zur Seite: „Die Branche der Hilfsorganisationen sollte sich schämen. Sie hat natürlich ein klares finanzielles Interesse daran, dass die Medien nur auf schlimme Geschichten aus Afrika schauen. Aber ihr Bild von der Welt ist manipulativ, wenn sie versuchen, die Öffentlichkeit dazu zu bringen, wichtige Tatsachen zu ignorieren. Und Tatsache ist, dass die Menschen in Afrika heute generell länger leben und wohlhabender sind als je zuvor", erklärte Rosling den Mitgliedern der *Europäischen Rundfunkunion* im November 2013 bei ihrem Jahrestreffen in Marokko.

In Dänemark erkennen immer mehr Redakteure, dass sie einen falschen Weg einschlagen haben, und helfen sich nun untereinander, ihre Arbeit zu verändern. Mehrere dänische Journalisten und Redaktionen haben ein Forum für konstruktiven Journalismus gegründet, in dem sie Gedanken austauschen und versuchen, sich gegenseitig zu inspirieren.

Die Journalistinnen Lotte Rosdahl und Karen Lumholt erläutern: „Wir verstehen es als die Hauptaufgabe von Journalisten, die Menschen im Lande über die Welt um sie herum zu informieren – aber ihnen auch zu helfen, Verantwortung zu übernehmen, ihre eigenen Entscheidungen zu treffen und sich aktiv zu beteiligen."

„Wir wollen nicht länger den Großteil unseres Berufslebens damit verbringen, Misstrauen, Aussichtslosigkeit und Angst zu verbreiten. Vielmehr wollen wir daran arbeiten, Prozesse zu unterstützen, die mit Offenheit, Respekt, Vertrauen und gegenseitiger Anerkennung zur Integration der Gesellschaft beitragen. Und mit Hoffnung."

Der Weg vom traditionellen Journalismus zu Constructive News

- Nicht mehr, sondern besser.
- Nicht negativ, sondern kritisch.
- Nicht aufgebracht, sondern wissbegierig.
- Nicht anklagend, sondern ermutigend.
- Nicht schreierisch, sondern neugierig.

- Nicht populistisch, sondern populär.
- Nicht stumpfsinnig, sondern modern.
- Nicht anklagend, sondern offen.
- Nicht nur nach dem üblichen „Wo“, „Wer“ und „Wann“ fragend, sondern auch nach dem „Wie“ und „Was nun“.

Als meine Frau ihr Medizinstudium abschloss, musste sie eine Version des hippokratischen Eides leisten und zusammen mit ihren Kommilitonen versprechen „meine Fähigkeiten gewissenhaft und sorgfältig anzuwenden zum Wohlergehen meiner Mitmenschen und der ganzen Gesellschaft“. Als wir unsere Ausbildung als Journalisten beendet hatten, gingen wir ein Bier trinken.

In meiner Zeit als Vorsitzender des Zentrums für Journalismus an der Universität Süddänemark, arbeitete die damalige Stipendiatin und spätere geschäftsführende Direktorin der dänischen Zeitung *Information*, Mette Davidsen-Nielsen mit dem damaligen Kursleiter Troels Mylenberg, dem heutigen Herausgeber der Regionalzeitung *Fyens Amts Avis* an der Formulierung eines journalistischen Eides, den wir als Gegenstück zum Hippokratischen Eid der Ärzte verstanden.

Im Jahr 2008 las sich das so:

Journalistischer Eid. „Hiermit verpflichte ich mich, in meiner Arbeit als Journalist beharrlich und unvoreingenommen die bestmögliche Fassung der Wahrheit ausfindig zu machen und zu kommunizieren. Mein Journalismus ist eine gesellschaftliche Verpflichtung. Ich bin mir meiner demokratischen Verantwortung bewusst. Meine Pflicht ist es, die Machthabenden zur Rechenschaft zu ziehen. Aus diesem Grunde werde ich meinem Gewissen folgen, fair und selbstkritisch sein. Mein Journalismus wird ebenso unabhängig wie unparteiisch sein und transparent in seinen Methoden. Ich werde mich bemühen, Material mit einem Gefühl für Ausgewogenheit und den Vorrang für das Wesentliche zu präsentieren, wie auch Journalismus verständlich, interessant und relevant zu machen. Ich weiß, dass ich riskiere, Fehler zu machen, aber ich werde mich zu ihnen bekennen und von ihnen lernen. Daneben will ich nach neuen Wegen im Journalismus suchen und zu seiner Entwicklung beitragen."

Der journalistische Eid war kontrovers, vor allem bei den Journalisten, die sich auf Information und Unterhaltung spezialisieren wollten. Bis heute müssen graduierte Journalisten keinen Eid ablegen. Aber die journalistischen Verpflichtungen sind Teil der Trainingskurse und gehen daher in die Werte ein, die an den Journalistenschulen gelehrt werden. Trotzdem können neue und erfahrenere Journalisten versuchen, sich selbst zu verpflichten.

2009 hielt der amerikanischen Präsidenten Barack Obama beim Jahresdinner für die Korrespondenten in Washington eine inspirierende Rede: „Es kann sein, dass ich nicht immer allem zustimmen kann, was Sie schreiben oder berichten. Es kann sogar ab und an sein, dass ich mich darüber beschwere – oder eher, dass Gibbs (der Pressesprecher) sich darüber beschwert – wie Sie ihren Job machen. Trotzdem weiß ich immer, dass es mir hilft, meine Arbeit gut zu machen, wenn Sie Ihre Arbeit gut machen. Sie helfen uns, die wir dem Wohlergehen des amerikanischen Volkes dienen, unsere Arbeit besser zu machen, indem Sie uns zur Rechenschaft ziehen, von uns Redlichkeit verlangen, uns von Ausflüchten abhalten und von politischen Spielchen, derer die Menschen so überdrüssig sind. Ihre Art der Berichterstattung ist bewahrenswert, nicht nur Ihnen zuliebe, sondern der Allgemeinheit zuliebe. Wir zählen auf Ihre Hilfe, eine komplexe Welt zu verstehen und die Geschichten unseres Lebens so zu erzählen, wie sie sind." Selten sind die Herausforderungen an eine freie Presse und die Pflicht ihrer Vertreter so klar formuliert worden.

Wie können wir die Welt verändern

Das Dilemma der Presse liegt nicht in der Alternative zwischen Kritik und Constructive News. Beides ist nötig. Wir müssen die wesentlichen Dinge fair und unparteiisch darstellen. Wir müssen aber auch kritische Fragen zu den Problemen in unserer Gesellschaft stellen. Wir sollten uns zutrauen, zu ihren Lösungen zu beizutragen und den Verantwortlichen dafür möglicherweise auch einen Rahmen bieten.

Wir müssen also unsere Haltung ändern. Es geht nicht nur darum, den Journalismus vor der Boulevardisierung zu bewahren, die ohnehin kaum mehr dem heutigen Zeitgeschmack trifft, sondern ihn in seiner Verantwortung für die Gesellschaft zu verstehen. Unsere Arbeit sollten wir am Ende jedes Arbeitstages sinnvoll finden können.

Der amerikanische Redakteur und Autor David Bornstein hat sich eine kritische Distanz zu seiner Arbeit bewahrt, weil er nicht aus dem klassischen Journalismus kommt, sondern aus der Computerwissenschaft und aus der humanitären Hilfe. Sein Buch *How to Change the World* handelt vom sozialen Unternehmertum, einem konstruktiven Thema, das in den Medien wenig aufgegriffen wird. Borstein ist Mitgründer des *Solutions Journalism Network*, einer Vereinigung, die das Ziel verfolgt, diese Art des konstruktiven Journalismus zu fördern.

„Die meisten Herausgeber und Redakteure sind davon überzeugt, dass es die Hauptaufgabe des Journalismus ist, Fehler und Verbrechen aufzudecken", erklärt Bornstein und setzt fort: „Die Allgemeinheit sieht das ähnlich. Aber heute, im Zeitalter des Medienwandels, sollten wir im Auge behalten, dass das, was wir Solution Journalism nennen, ein legitimer Zweig der Berichterstattung sein kann. Diese Form des Journalismus muss denselben Anforderungen an Sorgfalt und Professionalität entsprechen wie alle anderen. Es geht nicht darum, flauschig-oberflächliche Wohlfühl-Features für die Urlaubssaison zu produzieren."

Seine Definition von Journalismus ist neuartig: „Journalismus ist eine Art Feedback-Mechanismus, eine Hilfe zur Selbstkorrektur der Gesellschaft. Von der Verhaltensforschung wissen wir, dass die bloße Information über ein Problem allein selten ausreicht, um ein korrigierendes Handeln in Gang zu setzen. Wir brauchen Wissen darüber, was und wie man Probleme lösen kann. Deshalb geht es auch nicht darum, hin und wieder ein paar ‚Good News' einzustreuen, sondern darum, dem Publikum regelmäßig innovative Ideen und realistische Wege zur Problemlösung vorzustellen, die sonst außerhalb des gängigen Blickwinkels bleiben. Insofern muss Solution Journalism mit dem hergebrachten Journalismus verknüpft werden. Das rundet die Geschichte ab, macht sie sozusagen komplett. Ohne einen solchen ganzheitlichen Journalismus nimmt die Gesellschaft Schaden."

Das *Middle East Broadcasting Center* (MBC Group) ist einer der am schnellsten wachsenden Medien-Konzerne weltweit. *MBC* steht hinter dem 24-stündigen Nachrichtenkanal *Al Arabiya* und betreibt etliche weiteren Medien-Unternehmen in Asien, Afrika und im Nahen Osten. Über die reine Gewinnorientierung hinaus geht es *MBC* laut seinem Mission Statement auch darum „für die Stärkung und Entwicklung der arabischen Jugend, für ihre und unsere Zukunft zu arbeiten."

„Wir wollen Initiativen entwickeln und verwirklichen, mit denen wir unser anhaltendes Engagement für Umwelt, Bildung, humanitäre Anliegen sowie unsere Unterstützung für das Unternehmertum beweisen können. Das ist unsere Hoffnung."

Nakhle El Hage, der Nachrichtendirektor von *Al Arabiya* in Dubai, hält es durchaus für schwierig, diesem Aufruf zur Hoffnung in einem journalistischen Umfeld gerecht zu werden, in dem es sowohl um Genauigkeit als auch um Tempo geht: „Es ist wirklich schwer, Zeit und Senderaum für konstruktive

Ansätze zu finden, weil die Themen von Problemen, Kriegen, Konflikten und Terror dominiert sind – insbesondere hier im Nahen Osten“, stellt El Hage auf der *NewsXchange* Konferenz vom November 2013 in Marrakesch in einem Panel zu Constructive News fest.

„Für Journalisten in Wohlfahrtsstaaten, zum Beispiel in Skandinavien, ist es wesentlich leichter, Constructive News zu finden. In der arabischen Welt gibt es so viele Probleme, dass wir eigentlich einen neuen Kanal aufmachen müssten, um über alles berichten zu können.“ Dieser Kommentar des Nachrichtendirektors wurde im Publikum allerdings auch infrage gestellt: „Ist der Bedarf an lösungsorientierten Berichten nicht gerade dann besonders groß, wenn man aus Gebieten voller Probleme berichtet?“

Die drei folgenden Beispiele zeigen, wie *DR* vorgegangen ist:

1. Wir erzählten beispielsweise die Geschichte einer jüdischen und einer palästinensischen Familie, die in Israel seit Jahrzehnten ihre Nachbarschaft pflegten, wir zeigten, wie ihnen das in einer Atmosphäre gelang, in der zwischen Israelis und Palästinensern sonst eher Kriege und hohe Mauern stehen.
2. In der sogenannten Karikaturen-Krise 2005 protestierten fanatische Muslime in aller Welt gegen die Veröffentlichung von Zeichnungen des Propheten Mohammed in der Zeitung *Jyllands-Posten.* Die meisten Fernsehsender berichteten live von islamischen Demonstrationen in der arabischen Welt. Es wurde schnell zu einer politischen Realität, dass

die muslimische Welt Dänemark hasste und dass Dänen im Nahen Osten in Gefahr waren. Die dänische Botschaft im Libanon wurde in Brand gesteckt. Es gab Demonstrationen mit brennenden dänischen Flaggen; muslimische Anführer fuhren heftige rhetorische Geschütze auf. Aber waren Millionen Muslime tatsächlich gerade dabei, gegen das kleine Dänemark zu Felde zu ziehen, so wie es die symbolischen Fahnenverbrennungen in den Hauptstädten von Indonesien, Pakistan, Ägypten und Libanon signalisierten? Oder war es nicht eher so, dass es zwar solche Proteste gab, dass die Kameras aber nur auf die hunderte Demonstranten in den großen Städten gerichtet waren, während die große Mehrheit der Menschen in den muslimischen Gemeinden sich kaum um das kümmerten, was eine Zeitung tausende Kilometer entfernt in Dänemark veröffentlicht hatte? Als *DR* einen ihrer Reporter mit einer großen dänischen Flagge durch die Straßen von Beirut gehen ließ, reagierte dort absolut niemand.

3. Puk Damsgaard, *DR*-Korrespondentin im Nahen Osten, brachte zur besten Sendezeit auf dem Hauptkanal *DR1* ein TV Special über die Konflikte in Ägypten. Sie versammelte drei Vertreter der gegeneinander kämpfenden Gruppen in einem Boot auf dem Nil und brachte sie dazu, sich zuzuhören und einen Kompromiss für eine Zukunft in Ägypten zu finden, dem sie alle zustimmen konnten. Diese großartige Geschichte zeigte bildlich, wie schwierig es für die ägyptischen Konfliktparteien zu verstehen war, dass sie alle in einem Boot

sitzen. Die Sendung machte plastisch nachvollziehbar, an welchen Punkten die Parteien hinsichtlich der Auswirkungen des Arabischen Frühlings grundsätzlich anderer Meinung waren und wo politische Gemeinsamkeiten lagen.

Es mag also nicht leicht sein, aber es ist durchaus möglich, Constructive News auch den Berichten aus den konfliktreichen Teilen der Welt hinzuzufügen.

Ein besonderer Mittwoch. Die linke dänische Tageszeitung *Information* ist für ihre besonders hartnäckigen kritischen Berichte bekannt. Manche würden ihren Ton scharf und fast auch deprimierend nennen. Die Ausgabe vom Mittwoch, den 17. September 2014 wirkte auf den ersten Blick wie jede andere. Es ging um die die üblichen Themen: Kriege, Krisen, Umweltprobleme...

Dennoch fühlten sich viele Leser, nachdem sie das Blatt gelesen hatten, an diesem Tag anders: erfreut und optimistisch. Das war auch so geplant. Die Artikel sollten Lösungen für die Probleme aufzeigen, über die sonst nur geklagt worden wäre. Die Schlagzeile auf der Titelseite lautete: „Ein Ort der Demokratie in Syrien".

Der Chefredakteur Christian Jensen erklärt: „Die Titelgeschichte zeigte, dass konstruktiver Journalismus selbst in der hoffnungslosesten Wirklichkeit möglich ist. Und dass daneben die kritische Analyse nach den gewohnten Relevanzkriterien trotzdem weiter praktiziert werden kann." Die Reaktionen von Leserseite nennt er überwältigend, seit langem habe es nicht so viele ausnahmslos positive Kommentare gegeben. Die Zahl der Besuche auf der Website der Zeitung lag an diesem Tag um 15 Prozent höher als üblich, auf Facebook erhielt das Blatt mehr Likes als je zuvor. 300 neue User meldeten sich auf *information.dk* an.

„Die Initiative für diese Spezialausgabe mit Constructive News ging von einem sonst besonders kritischen Redakteur aus. Er erklärte uns in einer Redaktionskonferenz, dass er seine Kinder kaum dazu bewegen könne, die eigene Zeitung zu lesen, wenn es in ihr nur um Gewalt und andere Probleme geht. Also entwickelten wir ein Konzept, und die Redaktions-Teams fanden konstruktive Geschichten. Das war auch gar nicht so schwierig. Uns ist klargeworden, dass es uns nicht gelingen würde, ein realistisches Bild der Welt zu zeigen, wenn wir uns nur auf die Probleme fokussieren“, erläutert Christian Jensen. „Wir haben gesehen, dass visionäre Menschen durchaus guten konstruktiven Journalismus zu positiven Trends geschaffen haben. Wir müssen die richtige Balance zwischen Problem und Lösung finden. Wir werden so weitermachen.“

Drei Tage nach dieser kleinen Revolution in der wohl kritischsten Zeitung Dänemarks brachten 40 Zeitungen auf der ganzen Welt, unter anderem *Le Soir, The Sunday Times, La Stampa* und *The China Post*, zum sogenannten ‚Impact Journalism Day' Artikel über Initiativen, die zu einem positiven Wandel beitragen können.

„Die Presse dient der fortlaufenden Information, aber es geht nicht mehr wie früher darum, mit dem ‚Finger in der Wunde herumzurühren', wie es der große französische Journalist Albert Londres einst ausdrückte. Immer mehr Journalisten wollen durch ihre Berichte über konstruktive Lösungsansätze Hoffnung vermitteln und zum Allgemeinwohl beitragen", verdeutlicht es der Franzose Christian de Boisredon, der hinter dem Impact Journalism Day steht.

Der Impact Journalism Day änderte die Nachrichteninhalte an einem einzelnen Tag im Jahr. Nun gilt es, die Nachrichteninhalte an den restlichen 364 Tagen zu ändern. Vielleicht beginnt der Mentalitätswechsel ja nicht nur in den Redaktionen und in der Journalismus-Ausbildung. In Dänemark entwarfen Lehrer an den Sekundarschulen ein neues Unterrichtsmittel für den Medienunterricht. Astrid Lakjer und Anne Müller vom Ingrid Jespersen Gymnasium in Kopenhagen haben zusammen mit den Zukunftsforschern Anne Skare Nielsen und Henrik Good Hovgaard das E-Book *Future Navigator* verfasst. In sieben Kapiteln beschreiben sie den journalistischen Paradigmenwechsel von Kritik zu Constructive News – und zwar aus der Sicht der Medienkonsumenten.

„Es reicht nicht mehr, dass unsere Schüler kritischen Medienkonsum lernen. Es reicht auch nicht mehr, dass sie sich als Mediennutzer in der Informationsflut zurechtfinden und kritisch kommunizieren. Die althergebrachte Unterscheidung zwischen Sender und Empfänger löst sich zugunsten von Co-Creation auf: Die Schüler lernen, an der Gestaltung von Nachrichten mitzuwirken, die ihren Blick nicht mehr nur auf Tod und Zerstörung richten, sondern auf Lösungen für eine bessere

Zukunft", erläutert die Zukunftsforscherin Anne Skare Nielsen. „Constructive News ist genau das, was die künftigen Generationen erwarten und was sie ansprechen wird."

Material zu Constructive News aus dem Onlineportal rykerden.dk (Bewege die Welt) für Lehrer und Schüler

Übung: Versuche diese neun Punkte mit vier geraden Linien zu verbinden, ohne abzusetzen.

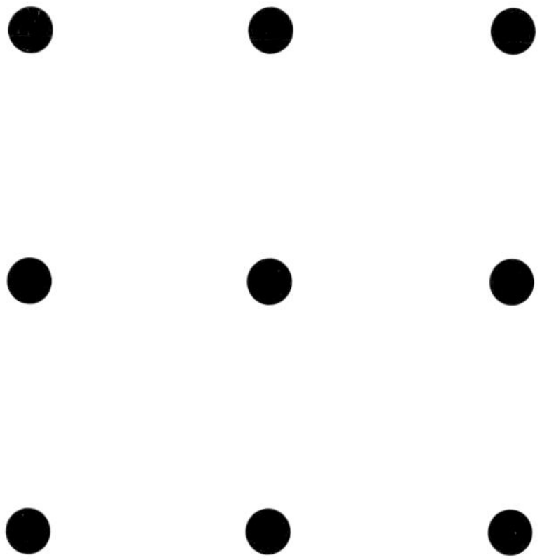

Aufgegeben? Finde die Lösung auf der nächsten Seite.

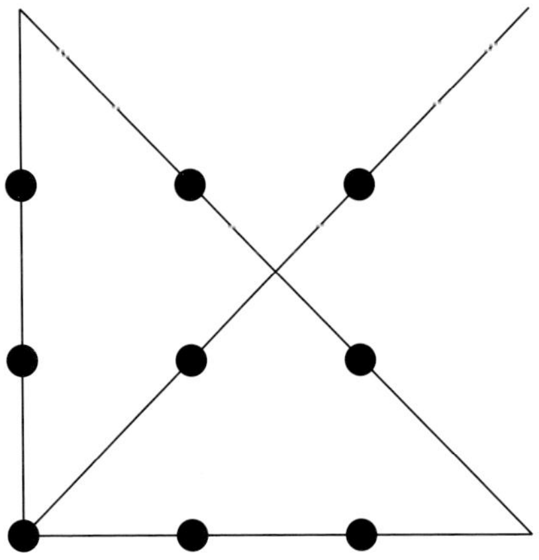

Lösung: Viele geben auf, weil sie die neun Punkte als Begrenzungen eines Quadrats auffassen und die Lösung daher instinktiv innerhalb des Quadrats suchen. Die Lösung findet man durch Denken ‚out of the box'. Die Verbindungslinie muss außerhalb des Quadrats ansetzen.

Drei führende Tageszeitungen aus Österreich, Deutschland und der Schweiz begannen, bei Debatten zu Wirtschaftsthemen wie Arbeitsmarktpolitik, Staatsverschuldung, Euro-Krise oder Steuerpolitik Experten aus den Wirtschaftswissenschaften stärker einzubeziehen. In der Vergangenheit kamen Ökonomen oder andere Wissenschaftler bei wirtschaftspolitischen Themen mit 1 bis 2 Prozent zu Wort. Nachdem 2013 zuerst die *FAZ*, später auch die *NZZ* und *Die Presse* auf Initiative des Medienforschungsinstitut *Media Tenor* ein Ökonomen-Ranking eingeführt hatten, stieg die Anzahl der Zitate von Ökonomen in den meinungsführenden Medien deutlich an. Das Ranking von *Media Tenor* bezieht sich auf Zitate und Erwähnungen in den Medien. So erhielt der Slogan „Publish or perish“ eine zusätzliche Bedeutung, denn für ein gutes Ansehen genügt es jetzt nicht mehr, häufig in wissenschaftlichen Journalen vertreten zu sein. Von dem Interesse, durch Erwähnung in der Presse das Ranking zu erhöhen, profitieren nicht nur die Medien, sondern auch die Wissenschaftler selbst: Eine starke Medien-Präsenz ist ein weiteres Kriterium für die Vergabe von Drittmitteln. Wissenschaftler mit einer starken Medienpräsenz sind gegenüber Kollegen, die nur in den akademischen Journalen publizieren, im Vorteil.

Schon 1999 hatte das öffentlich-rechtliche tschechische Fernsehen in Prag mit Hilfe von *Media Tenor* eine systematische Evaluierung seiner Sendungen durchgeführt. Dabei konzentrierte man sich zunächst auf drei Kriterien:

- Transparenz: Genauigkeit in der Recherche – Verzicht auf Spekulationen: Wenn der Moderator gut auf eine Diskussion vorbereitet ist, führt das zu fundierten Zitaten, fundierte Zitate nutzen wiederum der Vorbereitung.
- Objektivität: Allen Instanzen und Personen, die relevant für ein Thema sind, sollte genug Sendezeit eingeräumt werden, um die jeweiligen Standpunkt erläutern zu können. Jemand das Wort nicht zu erteilen oder es ihm abzuschneiden, bedeutet einen Mangel an Objektivität.
- Objektivität in Diskussionen und Talkshows: Die Moderatoren sollen alle Gäste gleich behandeln – unabhängig von ihren politischen Einstellungen. Manche Repliken werden als konfrontierend empfunden. Tritt der Moderator einem disziplinierten Gast sehr angriffig gegenüber, wird das als Mangel an Objektivität angesehen.

Der Recherche-Chefin des tschechischen Fernsehens Renata Týmová zufolge wurde anhand dieser Kriterien die Objektivität der Nachrichteninhalte analysiert. „Im nächsten Schritt messen wir die Relevanz und das konstruktive Potential unserer Nachrichten", erklärt Týmová.

In den richtigen Zusammenhang stellen

Jimi Matthews
A.G.E. Nachrichten und Zeitgeschehen
South African Broadcasting Corporation

„Der Fernsehkanal der *South African Broadcasting Corporation* SABC TV gab vor einiger Zeit einer Agentur den Auftrag, eine Werbekampagne für ihre Nachrichtenabteilung zu entwerfen. Der Auftrag von SABC-Nachrichten ist Bildung, Information und Unterhaltung. Die ersten Entwürfe der Agentur zeigten einen Kameramann, der kniend eine chaotische Szene filmte: Das obligatorische brennende Auto gehörte ebenso zur Szenerie, wie eine aufgebrachte Menge, die schwerbewaffneten Polizisten gegenübersteht. Dabei war die Agentur gebrieft worden, eine Kampagne zu entwickeln, die einen Querschnitt der Bevölkerung zeigen und dabei das multikulturelle Erbe Südafrikas herausstellen sollte.

Im Allgemeinen ist das Narrativ der Post-Apartheid recht düster; es erzählt von einem Südafrika, das unter einer Last von Armut und Korruption zusammenzubrechen droht. Selten gibt es Geschichten, die die Gegenwart im Kontext der jahrhundertelangen Unterdrückung eines Großteils der Bevölkerung sehen, deren Folgen immer noch sichtbar sind.

Dass Südafrika in den ersten zwei Jahrzehnten nach der Apartheid massiv in den Aufbau seiner Infrastruktur und in die Wasser- und Elektrizitätsversorgung investiert hat, wird in den Nachrichten genauso selten erwähnt wie die Fortschritte im Kampf gegen die Wohnungsnot der Arbeiter.

Die historischen Erfolge aus den letzten zwanzig Jahren werden vernachlässigt. Etwas Positives über die Regierungspartei zu schreiben, würde Journalisten offenbar wie Agitatoren aussehen lassen. Das führt allerdings zu einer verengten Nachrichten-Agenda. Doch würde man sich auf die gesendeten und gedruckten Nachrichten verlassen, müsste man fast zu dem Schluss kommen, dass Südafrika am Abgrund steht und ein höchst gefährlicher Ort ist. Wer einmal dort war, weiß, dass das nicht unbedingt stimmt.

Südafrika ist eine junge Demokratie, die derzeit die Irrungen und Wirrungen der Jugendzeit durchmacht. Die Südafrikaner lieben das Outdoor-Leben und betreiben viele außergewöhnliche Sportarten. Das Land besitzt viele reizvolle Landschaften und ein vielfältiges intaktes Ökosystem, ideale Voraussetzungen für den internationalen Tourismus. Es hat inzwischen seine Infrastruktur so weit ausgebaut, dass sie touristischen Anforderungen genügt. Südafrika war erfolgreicher Gastgeber der Fußball-Weltmeisterschaften, aber auch von Rugby und Cricket Word Cups.

Der Sport zelebriert Südafrikas multikulturelles Erbe

Lob und Kritik über das Jahr 2014 gut verteilt

Südafrikanische TV-Nachrichten
Bewertung der Berichterstattung nach Themen, Januar bis Dezember 2014

Volumen	Afrikaans	English	Sotho	Zulu/Xhosa	eTV
Sport	18%	17%	14%	12%	13%
Innere Sicherheit	-51%	-40%	-45%	-46%	-54%
Innenpolitik	-19%	-13%	-13%	-14%	-19%
Gesellschaft/Religion	20%	23%	7%	15%	14%
Unternehmen	-13%	-4%	-15%	-7%	-17%
Parteipolitik	-24%	-1%	-9%	-6%	-8%
Unfälle/Katastropen	-55%	-21%	-55%	-35%	-49%
Sozialpolitik	-26%	-5%	-22%	-2%	-30%
Energie/Umwelt	-19%	-13%	-18%	-14%	-12%
Wirtschaft	-9%	-3%	-9%	-1%	-17%

Mittlere Bewertung

Negativere Tonalität der Berichterstattung — Positivere Tonalität der Berichterstattung

Basis: 94.975 Berichte in fünf südafrikanischen TV-Nachrichten

Mediatenor strategic · media · intelligence

Südafrikanische TV-Nachrichten

Mittlere Bewertung der Regierung Südafrikas in SABC TV und eTV News: Januar 2014 – März 2015

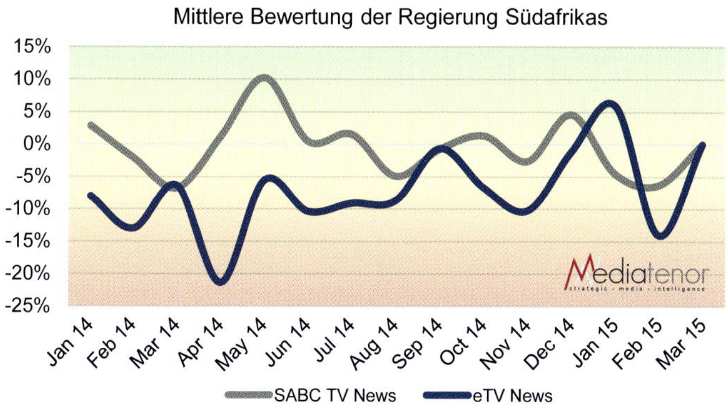

Basis: 58.983 Berichte über die Regierung Südafrikas in fünf südafrikanischen TV-Nachrichtensendungen

Südafrikanische TV-Nachrichten
Bewertung der Akteure zu Politik-Themen in SABC TV und eTV News
Januar 2014 bis März 2015

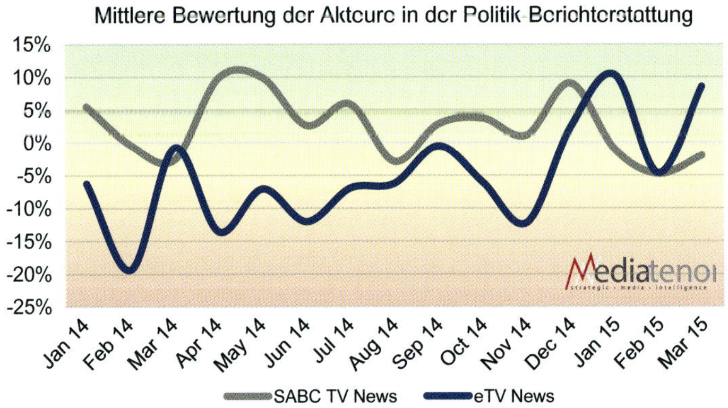

Basis: 39.549 Berichte zu Politik-Themen in fünf südafrikanischen TV-Nachrichtensendungen

Die Statistiken zeigen ein durchaus positives Bild. Wir müssen lernen, die Kehrseite negativer Nachrichten herauszustellen: Es geht dabei nicht darum, deprimierende oder negative Berichte auszulassen. Viele Menschen in Südafrika sind angesichts der politischen und sozialen Lage ungeduldig. Zu Recht erwarten sie von den Politikern die Erfüllung ihrer Wahlversprechen. Bei ihren Protesten greifen sie auf Strategien zurück, die in der Vergangenheit funktioniert haben. Schließlich waren es Massenproteste, die dem Apartheid-Regime ein Ende bereiteten. Arbeiter, die ihr Streikrecht ausüben, greifen oft zu Gewalt, wenn ihre Forderungen nicht erfüllt werden.

Die Mittelklasse wird zunehmend unruhig, wenn ihre Reichtümer schwinden und wenn sie Ressourcen mit der Mehrheit der Arbeiterschaft teilen müssen. Angesichts dessen entstehen soziale und politische Konflikte, über die wir natürlich berichten müssen. Doch wenn wir über soziale Unruhen berichten, sollten wir auch herausstellen, warum Menschen die Symbole der Macht niederbrennen und zerstören. Vor diesen Hintergründen erst können Lösungen aufscheinen, denen wir mehr Aufmerksamkeit widmen müssen. Ohne diese zusätzlichen Aspekte können Nachrichten ansonsten zu einem wachsenden Gefühl der Verzweiflung beitragen.

Die Nachrichtenproduktion ist per se kein neutraler Vorgang. Schon die Art, wie wir eine Geschichte verpacken oder einrahmen, liegt in unserer subjektiven Verantwortung. Wenn wir das Geschehen nicht einordnen, verschwinden komplexe und wichtige Themen in der Bedeutungslosigkeit. Die gegenwärtige Hysterie bei Ebola ist ein treffendes Beispiel. Vieles handelt vom den dramatischen und tödlichen Auswirkungen des Virus. Aber es wird kaum über die genaue geographische Verteilung der Epidemie und über die sozialen Folgen für die betroffenen Gemeinschaften berichtet. Ein einzelner Fall in Spanien schafft es, Europa in Aufruhr zu versetzen. Stirbt ein Opfer in den USA, wird lautstark nach Einreisebeschränkungen gerufen, und zwar nicht nur für Menschen aus den betroffenen Gebieten, sondern für alle Einwohner des afrikanischen Kontinents. Als Nachrichtenproduzenten sind wir für dieses verzerrte Bild der ernsten Lage verantwortlich. Wir können viel zur Aufklärung über die tatsächlichen Fakten rund um Ebola beitragen. Aber nicht in einem dramatischen 90-Sekunden-Clip. Wir müssen die Ereignisse in ihren Kontext stellen; das geht nicht auf einmal, sondern nach und nach, Tag für Tag. Wir würden unseren Zuschauern und Zuhörern einen schlechten Dienst erweisen, wenn wir dieser Verantwortung nicht nachkämen."

Kapitel 6

Negativität regiert die Welt

Auswege

Wissen, was recht ist,
und es nicht tun, ist mangelnder Mut.
Konfuzius

Erinnern Sie sich an die Schule? Bei vielen kommen Erinnerungen an tadelnde Lehrer, erhobene Zeigefinger und beschämende rote Linien unter Schreib- und Rechenfehlern auf. Als mein Sohn nach dem ersten Schultag in der Vorschule nach Hause kam, war ich doch sehr überrascht, als er seinen neuen LEGO-Schulranzen triumphierend auf den Boden schmiss und verkündete:

„Das war's dann!"

„Was war was?", fragte ich.

„Ich kann lesen und schreiben!", antwortete der Sechsjährige.

„Nein, das kannst Du nicht, und morgen gehst Du wieder in die Schule, nur damit das klar ist."

„Ich weiß, und das macht Spaß. Denn wir haben da eine Sprache, die Erwachsene nicht verstehen."

„Du meinst SMS? Das kann ich – fast jedenfalls", entgegnete ich.

„Nein, sie wird Kindersprache genannt“, tat er kund.

„Was ist das für ein Unsinn?“, sagte ich und gab ihm ein Stück Papier und einen Stift. „Zeig's mir!“

Sofort begann er, etwas sehr schnell zu schreiben. Die chaotischen Zeilen ergaben keinerlei Sinn.

„Lies das mal laut vor!“, bat ich.

Anders las seine Geschichte von zwei Kobolden vor, die Fußball spielten, wobei einer ins falsche Tor traf. Ich wunderte mich, und konnte die Lehrer später bei einem Elternabend fragen. Es stellte sich heraus, dass sie mit unseren Kindern in den nächsten sieben Jahren ein Experiment vorhatten: „Anstatt auf die Fehler der Kinder hinzuweisen, loben wir sie für alles, was sie richtig machen“, erklärten die Lehrer. „Wir unterstreichen die richtigen Buchstaben blau statt die falschen rot, wie es bis jetzt üblich war.“ Etliche von uns Eltern rollten mit den Augen.

„Heißt das, wenn Sie Anders fragen, wie er das Wort ‚Pferd‘ buchstabiert, und er antwortet PMXYZ, dann werden Sie ihm auf die Schulter klopfen und ihn dafür loben, dass er herausgehört hat, dass Pferd mit einem P beginnt?“

„Exakt“, antwortete der Lehrer zufrieden.

„Ach, hört doch auf mit diesem Hippie-Quatsch und gebt den Kindern anständige Hausarbeiten. Sie sollen auf die harte Tour lesen lernen, so wie alle anderen auch“, regte sich ein Vater auf.

Die Lehrer blieben aber von ihrer Idee überzeugt und unterrichteten die Klasse nach der neuen Methode. Und siehe da: Die Kinder gingen ungewöhnlich gern zur Schule, weil sie für jeden

Lernfortschritt gelobt wurden. Die Lehrer liebten den Unterricht in der Klasse, weil die Kinder so motiviert waren – die kleinen Schuler konnten noch vor Weihnachten alle lesen, und sie lasen zügiger und besser als die anderen Klassen. In den nächsten fünf Jahren belegten nationale Tests, dass sie im Lesen, Schreiben und in Mathematik besser abschlossen als alle anderen Klassen im Stadtteil.

Funktioniert diese Strategie, das Gute durch Lob zu bestärken, statt das Falsche zu kritisieren, nur bei Kindern?

Fehlersuche

Der amerikanische Motivationsforscher Frank J. Barrett hat es sich zur Aufgabe gemacht, die Unternehmenskultur von großen amerikanischen Organisationen zu verändern. Er hat der US-Navy geholfen, sich von der alten hierarchischen Militärkultur zu verabschieden und eine innovative Führungskultur einzuführen, die auf Kooperation und geteilten Werten beruht: Jetzt wird von allen gleichermaßen erwartet, dass sie selbständig denken und zusammenarbeiten, um gemeinsam zu effektiven Lösungen zu gelangen.

In seinem Buch *Appreciative Inquiry* schildert Barrett die Konsequenzen von Negativität in Organisationen: „In unserer Gesellschaft haben wir uns ein problemorientiertes Denken angewöhnt. Wenn es irgendwo ein Problem gibt, werden wir es in unseren Rollen als Politiker oder Unternehmer sofort angehen. Das scheint die logische Herangehensweise zu sein. Wenn jemand oder etwas in unserer Organisation Probleme bereitet, beginnen wir sofort damit, das Problem zu analysieren und zu korrigieren. Dasselbe tun wir in der Erziehung unserer Kinder, im Unterricht und in der Führung unserer Mitarbeiter. ... Vielfach verwendete Management-Instrumente wie TQM (Total-Quality-Management) stellen die Vermeidung von Fehlern in den Vordergrund. Das führt dazu, dass Mitarbeiter zu potentiellen Risikofaktoren für die Organisationen erklärt werden, Manager dagegen zu Experten für Problemlösung."

Barrett findet Medienunternehmen interessant, weil auch sie in einer tief verwurzelten Kultur der Problemfokussierung und Kritik gründen: „Diese Kultur zerstört Menschen, sie beschädigt die Motivationsfähigkeit der ganzen Gesellschaft und macht es schwer, innovative Lösungen zu finden, die wir brauchen."

Das Wort Management leitet sich unter anderem aus dem italienischen „maneggiare" (an die Hand nehmen) ab und ist auch mit dem Begriff Manege verwandt. Ursprünglich verweist es auch auf die Pferdedressur. Führungssystem und Organisationsstrukturen von Unternehmen in der frühen Phase der Industrialisierung im 19. Jahrhundert stammten aus dem Militär. Die autoritäre Haltung der Führungsoffiziere, die auf Befehl, Kontrolle und Bestrafung beruhte, übernahmen die frühen Unternehmensführer, die ihre Belegschaft wie Soldaten behandelten. In vielen Organisationen tradieren sich diese autoritären Strukturen aus dem Industriezeitalter bis heute weiter. Das tiefverwurzelte Misstrauen zwischen Gewerkschaften und Arbeitgebern geht auf diese Tradition der Feindschaft zurück. „Je mehr wir unserem Gegenüber stehlen können, desto erfolgreicher sind wir, desto mehr können wir für uns selbst behalten", beschreibt es Barrett.

Kurz nachdem ich meine Position als Vorsitzender eines Nachrichten-Unternehmens angetreten hatte, flüsterte mir der Chefredakteur einer Lokalzeitung väterlich ins Ohr: „Trickse die Journalisten aus, bevor sie dich austricksen." Eine solche Einstellung wird mit Sicherheit sofort Vertrauen und Respekt erzeugen und zu Erfolgen führen... In vielen Nachrichten-Organisationen sitzen im Top-Management zynische Bürokraten, die mehr auf den Bilanzgewinn schauen als auf die Autoren. Viele Top-Manager halten die Redakteure für überbezahlte, verwöhnte Künstler-Typen, die sich in Gewerkschaften organisieren, um ihre Privilegien zu verteidigen.

Ich habe Redaktionen gesehen, in denen das durchaus zutreffen mag. Es wäre allerdings konstruktiver, wenn Manager und Beschäftigte sich nicht als Gegner sehen, sondern verstehen, dass sie im gleichen Boot sitzen und dass es unklug wäre, sich lediglich darüber zu freuen, dass die eigene Seite des sinkenden Schiffes (noch) nicht überflutet ist. Um im Bild zu bleiben: Der heutige Journalismus fährt nicht mehr in gemütlichen Frachtkuttern, sondern auf hochmodernen Schnellbooten durch die rauen globalen Gewässer. Ihre Besatzungen brauchen beides: Kapitäne, die beherzt den Kurs setzen und rechtzeitig umsteuern, und gute Matrosen, die sowohl eigenständig als auch kooperativ handeln.

In einem Gespräch kommentierte das C. K. Prahalad, ein brillanter internationaler Unternehmensberater, folgendermaßen: „Es gibt zu viele Manager und zu wenige Führungspersönlichkeiten. Führung ist etwas anders: Sie gestaltet die Zukunft, indem sie Innovationen einsetzt und Hoffnung verbreitet." In einem Arbeitsumfeld, in dem man fürchten muss, sanktioniert oder von der Führungsebene lächerlich gemacht zu werden, sinkt die Bereitschaft zu Innovationen. Die Angst vor Fehlern macht vorsichtig, man plant nur noch so, dass alles möglichst sicher ausgeht. Daher sind Unternehmen mit einer negativen Unternehmenskultur konservativ und kopieren lediglich ihre alten Erfolge. Das ist tödlich in einem Geschäft, in dem neue Ideen und Innovation essentiell sind. Die Furcht vor Fehlern führt langfristig zum Scheitern.

Neue Ideen entstehen nur in einer Kultur, in der Fehler gemacht werden dürfen. Thomas Edison sagte einst: „Ich machte keine Fehler. Ich habe 9.999 Methoden gefunden, mit denen sich keine elektrischen Glühbirnen herstellen lassen."

Einer meiner guten Freunde ist der dänische Liedermacher und Sänger Lars Lilholt – er ist einer der erfolgreichsten Künstler im Lande. Er hat eine klare Vorstellung von seiner Kunst und dem kreativen Prozess: „Ich singe so schlecht, dass ich es mir nicht leisten kann, Songs zu covern. Ich muss meine eigenen Songs schreiben. Im kreativen Prozess brauche ich ein konstruktives Feedback, also vor allem Lob. Als ich anfing, war ich von Marxisten umgeben. Unter uns wurde niemand gelobt. Kritik war der vorherrschende Kommunikationsstil. Niemand wagte es, etwas zu tun, womit er sich Kritik einfangen konnte. Also ging man auf Nummer sicher, wobei allerdings auch nicht viel rauskam."

Im Europa des sogenannten dunklen Mittelalters von 900 bis 1300 fanden Historiker wenige Beispiele für bedeutende Innovationen. Die Kirche und mächtige Herrscher beanspruchten für sich, alle Antworten zu wissen. Es konnte tödlich sein, diese Autoritäten in Frage zu stellen. Erst nachdem die Pest-Epidemie viele Priester, Könige und Kriegsherren getötet hatte, fanden die Menschen wieder den Mut, Fragen zu stellen, Phantasien zu entwickeln und zu experimentieren. Das Ergebnis war die europäische Renaissance in Europa, eine Zeit voller neuer Ideen, Erfindungen und Gedanken.

Kulturwandel

Auch in den traditionellen Geschäftsfeldern wie der Bauindustrie findet in Skandinavien derzeit ein Kulturwandel statt. Bisher lag der Schlüssel zum Erfolg in der Baubranche in der Fähigkeit, geschickt und vorteilhaft zu kalkulieren und zu konstruieren und häufig auch darin, die Kunden zu übervorteilen. Man pokerte hart um die Verträge. Heute versuchen Unternehmen, dieses Gebaren aus der Epoche des Industriezeitalters durch das Konzept der Partnerschaft zu ersetzen. Baumeister, Architekten und Bauunternehmer, die früher eher Gegenspieler waren, arbeiten jetzt partnerschaftlich zusammen, sie teilen das Ziel, kosteneffektive Qualitätsprodukte herzustellen.

Torben Bjørk, der CEO der dänischen Baufirma *Hofmann A/S*, die sich in norwegischem Besitz befindet, erklärt: „Früher herrschte auf den Baustellen oft eine negative Stimmung. Jeder wollte seine persönlichen Interessen durchsetzen. Es ging nicht um die besten Lösungen für die Qualität oder die Wirtschaftlichkeit. Der partnerschaftliche Ansatz, den wir jetzt verfolgen, sieht so aus, dass ein Bauunternehmer alle mitwirkenden Firmen auswählt, und dass dann alle engagiert und transparent so arbeiten, dass es wirtschaftlich und trotzdem qualitativ gut wird. So setzt sich die beste Idee durch. Früher war das die Idee mit dem besten Anwalt."

Apropos Anwalt: Als ich Anfang der 1990er-Jahre einen Kurs über Verhandlungsführung an der *Stanford Business School* besuchte, war das in der Betriebswirtschaftslehre noch eine Art Hippie-Begriff. Aber der Kursleiter verwies darauf, dass viele Milliarden Dollar in unnötige Konflikten fließen, die von Anwaltsfirmen angezettelt werden, die sich darauf spezialisiert haben, kostspielige und zeitraubende Kriege vom Zaun zu brechen. Er versuchte, künftigen CEOs eine andere Herangehensweise beizubringen, die auf Verhandlungen mit den Konfliktpartnern zielt, bei denen alle auf der gleichen Seite des Verhandlungstisches sitzen.

„Wenn ihr euch körperlich gegenüber sitzt, kann das unter Umständen in Handgreiflichkeiten enden, bei denen es nur Gewinner und Verlierer gibt. Wenn ihr aber das Problem und nicht die andere Partei auf die andere Seite des Tisches setzt, fangt ihr an, zusammen nach einer Lösung zu suchen", wurde uns erklärt. Eine Methode bei dieser Form von Konfliktlösung ist es, Lösungsanteile aufzufinden, die für die jeweils andere Seite wichtiger sind als für die eigene. Zuhören ist dabei genauso wichtig wie reden. Der Aufbau von Vertrauen wird genauso essentiell wie die Vermeidung von negativem und aggressivem Vokabular.

Ein Beweis für die Wirksamkeit dieser Form von Mediation ist der Rückgang der Scheidungsraten in vielen norwegischen Städten, nachdem professionellen Mediatoren eingesetzt wurden, die Männern und Frauen dabei helfen sollten, ihre Ehen zu retten. Normalerweise engagieren Eheleute mit Scheidungsabsicht jeweils einen eigenen Anwalt, was erfahrungsgemäß zu noch mehr Gefechten, sinkendem Vertrauen und zu Folgeproblemen nach der Scheidung führt, insbesondere für Kinder, die dann in zerbrochenen Familien aufwachsen müssen. Indem Eheleute in einem frühen Stadium ihrer Konflikte darin unterstützt wurden, sich gegenseitig zu verstehen, konnte dieses Regierungsprogramm den Betroffenen viel Leid und eine Menge Kosten ersparen.

Doch die juristischen Fakultäten sind nicht die einzigen mit dem Fokus auf Konflikte. Wissenschaft gründet auf dem Prinzip der Kritik, wie der dänische Psychologe Hans Henrik Knoop betont: „Fragen zu stellen und den Status quo zu kritisieren, das ist essentiell für die meisten Wissenschaften. Aber wenn Wissenschaftler Best Practice und gute Beispiele ignorieren – aus Gewohnheit und um von ihren Kollegen erst genommen zu werden – gerät das außer Kontrolle.“ Der Präsident des *European Network for Positive Psychology* ergänzt: „In den letzten 30 Jahren sind 45.000 Artikel über Depression in Psychologie-Zeitschriften veröffentlicht worden und nur 4.000 über Zufriedenheit. Diese Haltung beeinflusst die öffentliche Debatte und politische Entscheidungen, etwa im Gesundheitswesen, wenn Geld und Aufmerksamkeit nur noch der Behandlung von Krankheiten gelten und wenig Raum für vorbeugende Maßnahmen und Prävention bleibt."

Behutsam im Was, entschieden im Wie

Im herkömmlichen Journalismus gilt der kritischste Redakteur als der beste. Je schärfer die Fragen, desto besser die Story. Unsere Mikrofone und Stifte setzen wir wie Waffen ein. Kein Wunder, dass viele Interviewpartner mit ‚Kein Kommentar!' reagieren oder sich hinter den einstudierten Sätzen verstecken, die ihnen ihre Spindoktoren beigebracht haben.

Wir könnten von Ausnahmen lernen wie dem amerikanischen Redakteur der *Seattle Times*, den ich vor einigen Jahren einmal traf. Er brachte erstaunliche Interviews zustande und verriet mir sein Geheimnis: Wenn er jemanden dazu bringen wollte, ihm etwas zu erzählen, ließ er seinen Notizblock in den ersten zwanzig Minuten des Interviews in der Jackentasche. Dann holte er ihn plötzlich hervor und fragte: „Könnten Sie bitte wiederholen, was Sie gerade gesagt haben? Das war sehr interessant und prägnant formuliert". Dann notierte er sorgfältig die Aussage und steckte das Notizbuch wieder ein: „Während des restlichen Interviews tun sie alles, um mich dazu zu bringen, das Notizbuch wieder herauszuholen. Also bemühen sie sich, gute und spannende Punkte zu bringen. Dadurch wird das Interview viel besser", erläuterte mir der Redakteur. Er wusste instinktiv, dass positive Verstärkung bessere Ergebnisse erzielt als die eher konfrontativen Methoden.

Als wir nach langen Debatten vor einigen Jahren einen Hund in unseren Haushalt aufgenommen hatten, wurde ich bald dazu auserkoren, mit ihm das Hundewelpen-Training zu besuchen. Dort lernte ich etwas Entscheidendes über Führung: Wir frustrierten Hundebesitzer waren alle gekommen, um unsere Hunde zu erziehen. Sie sollten davon abgebracht werden, auf dem Sofa zu sitzen, Socken zu fressen, unsere Schuhe als Toilette zu benutzen oder nachts zu bellen – und ihnen sollten auch Dinge beigebracht werden, wie zu kommen, wenn wir sie rufen.

Die Hundetrainerin schenkte allerdings den Hunden wenig Aufmerksamkeit, sie trainierte eher uns Besitzer: „Schreit den Hund nicht an, wenn er wegläuft. Schlagt ihn niemals, wenn er unartig ist. Belohnt ihn immer für das gewünschte Verhalten. Wendet keine Gewalt an. Lobt euren Hund und helft ihm einfach, es richtig zu machen.“

Buck Brannaman wurde durch den Film *The Horse Whisperer* (dt.: Der Pferdeflüsterer) berühmt, in dem er von Robert Redford dargestellt wurde. Der amerikanische Pferdetrainer wendet sich gegen die alte Methode, Wildpferde mit Peitschen und Sporen zu ‚brechen'. Er hat tausenden frustrierter Pferdebesitzer geholfen, Verhaltensstörungen bei ihren Tiere erfolgreich zu überwinden: „Es geht darum, das Pferd zu verstehen und ihm zu helfen, es richtig zu machen“, erläutert er seinen Trainingsansatz. Die Kunst liegt darin, das Vertrauen des Tieres zu gewinnen. „Sei behutsam bei dem, was du tust. Sei entschieden darin, wie du es tust.“

Kapitel 7

Niemand will Wandel

„Das Klo brennt“

People, who are crazy enough to think
they can change the world,
are the ones who do.
Apple-Kampagne „Think Different“

Wir wollen Fortschritt, aber keine Veränderung. Dieses Phänomen kennt sicher jede Führungskraft. Gute Führungskräfte wissen, dass ihr Unternehmen in Schwierigkeiten gerät, wenn sich außerhalb mehr ändert als innerhalb des Unternehmens. Die schnellen und massiven Veränderungen der Medientechniken und der Kundengewohnheiten fordern interne Veränderungen heraus. Im Mediengeschäft führten sie in den vergangenen Jahrzehnten zu drastischen Sparmaßnahmen, zu neuen Arbeitsabläufen und zur Einführung neuer Kompetenzen und Organisationsmodelle. Es ist zu hoffen, dass sich allgemein eine Redaktionskultur herausbildet, in der der ehemals häufig anzufindende Typus des eigenbrötlerischen Redakteurs inzwischen gelernt hat, in Redaktionsteams zu arbeiten, die nicht nur effektiv und kompetent arbeiten, sondern die auch ihre soziale Kompetenz einsetzen, um mit verschiedenen Menschen zusammenzuarbeiten.

Der Wandel ist ein Dauerzustand geworden. In der Medienwelt bedeutet er vor allem den Übergang vom Druck zum Netz, von analog zu digital, vom klassischen Senden zum Bereitstellen der Inhalte, von Monomedia zu Multimedia, von klassisch geführten zu innovativen Unternehmen, vom Monopol-Medium zu Social Media. Die digitale Welt ermöglicht eine Massenkultur, an der sich potentiell jeder beteiligen kann – und zwar mit Worten, Bildern und Tönen, die hunderte Millionen von Menschen erreichen können.

Der Begriff Medium leitet sich vom Lateinisch ‚medius' ab, einem Wort mit vielen Bedeutungen. Unter anderem bedeutet es ‚unparteisch' und ‚vermittelnd'. In der heutigen Zeit sind die klassischen Medien nicht mehr die einzige Quelle, um an Informationen zu gelangen. Kommunikation verläuft inzwischen in mehrere Richtungen, ihre Inhalte erreichen das Publikum direkt – es besteht also rein technisch nicht mehr die Notwendigkeit, dass Medien sie übermitteln. Damit bricht aber ihr Fundament weg. Medienunternehmen, Herausgeber, Redakteure und Journalisten müssen ihre Rolle in der Gesellschaft neu begründen. Warum sollte das Publikum Zeit und Geld investieren, um unsere Produkte zu konsumieren? Indem wir Constructive News einführen, können wir dem Journalismus eine neue Daseinsberechtigung geben. Das verlangt einen gewissen Identitätswandel in Bezug auf unsere Tradition, Kultur und Arbeitsweise.

Um ihn umzusetzen, bedarf es einer guten Führung, die es wagt, Änderungen in unseren Routinen anzustoßen, am besten ohne Memos und Dienstanweisungen. Es ist schwierig, Gewohnheiten abzulegen: 86 Prozent von uns schlafen immer in derselben Stellung ein. 78 Prozent sitzen beim Fernsehen immer am selben Platz, 81 Prozent nehmen ihr Mittagessen am gleichen Ort, zur gleichen Zeit und mit den gleichen Leuten ein.

Meine Frau ist wie schon erwähnt Ärztin. Daher liegen bei uns zu Hause zahlreiche wissenschaftliche Journale herum, von denen ich die meisten kaum verstehe. Aber etwas fiel mir ins Auge, eine Analyse zur Macht der Gewohnheit: Ärzte sagten 1.600 Herzpatienten, dass diese innerhalb von sechs Monaten sterben würden, wenn sie ihre schlechten Ernährungs- und Verhaltensgewohnheiten nicht radikal ändern würden – Rauchen, zu viel Alkohol, zu wenig Bewegung...

Interessant ist, dass nur 10 Prozent der Patienten es geschafft hatten, ihre Gewohnheiten angesichts der gesundheitlichen Bedrohung zu ändern. Hirnforscher schlossen daraus, dass offenbar 90 Prozent der Menschen außerstande sind, ihre Gewohnheiten zu ändern, obwohl sie auf der intellektuellen Ebene wissen, dass es notwendig wäre. Hilft das womöglich zu verstehen, warum so wenige Unternehmen die Finanzkrise überlebt haben? Und warum es verhältnismäßig leicht ist, über den Wandel zu reden – aber umso schwerer, sich wirklich zu verändern?

Wie oft haben wir schon Seminare über Veränderungsbereitschaft besucht und neue Strategien kennengelernt, um am nächsten Tag genauso weiter zu machen wie bisher? Aus Bequemlichkeit finden wir letztlich doch nie die Zeit, mit alten Gewohnheiten zu brechen. Vielleicht ist es bequemer, sich an das zu halten, was man kennt, besonders in einer Zeit, in der sich viele chronisch überlastet fühlen.

Wie wäre es mit einer konkreten Übung? Jetzt gleich. Falten Sie Ihre Hände.

Vielleicht beten Sie ja, dass der Wandel vorübergeht und Sie nicht so stark betreffen wird. Schauen Sie nun auf Ihre Finger: Ist der linke Daumen zuoberst oder zuunterst? Die Hälfte aller Menschen faltet ihre Hände so, dass der linke Daumen oben ist, die andere Hälfte hat den rechten Daumen oben. Wie wir die Hände falten hat nichts mit Links- oder Rechtshändigkeit zu tun. Es ist einfach eine Frage der Gewohnheit. Sie wurde schon in frühester Kindheit ausgeprägt, so dass wir uns daran nicht einmal erinnern können.

Versuchen Sie nun, die Hände genau andersherum zu falten. Da Sie es sonst nie auf diese Weise tun, fühlt es sich fremd an, irgendwie sogar falsch. Stimmt's?

Gewohnheiten und Routinen helfen dem Verstand, mit anderen, wichtigeren Aufgaben fertig zu werden. Es wäre unsinnig, wenn wir uns jedes Mal darauf konzentrieren würden, wie genau wir vorgehen müssen, um einen Schritt vorwärts zu gehen, ein Hemd zuzuknöpfen oder Fahrrad zu fahren. Unsere Gewohnheiten, Bewegungen und Routinen sind vielfach unbewusst und im Körper abgespeichert. Es ist nicht unbedingt schlecht, Gewohnheiten zu haben. Sie sind nur immer dann hinderlich, wenn es um neue Vorhaben geht, die Willenskraft, Mut und Einsicht von uns verlangen.

Mit Konservativen fertig werden

Im Bereich der Medien sind es oftmals die Gewerkschaften, die gegen Veränderungen eintreten. Das Schlagwort vom Change-Management verknüpfen sie mit Ausgabenkürzungen, Arbeitszeitverlängerungen und anderen Unannehmlichkeiten. Außerdem haben sie eine lange Tradition im Kampf gegen Autoritäten entwickelt.

Dadurch bleibt die Journalismus-Branche, die von Natur aus ja eher fasziniert von allem Neuen sein müsste, häufig sehr konservativ und auf den Status quo bedacht. Hinzu kommt, dass häufig diejenigen Redakteure oder Abteilungsleiter ins höhere Management aufsteigen, die die Budgetvorhaben am besten einhalten konnten. Allerdings ist der beste Verkäufer nicht unbedingt auch der beste Verkaufsleiter oder der beste Arzt nicht gleich der beste Krankenhausdirektor. Gute Autoren, Nachrichtensprecher oder Redakteure sind nicht automatisch dazu qualifiziert, auf der Managementebene angemessen auf die schnellen Veränderungen der Medienwelt inmitten der heutigen Paradigmenwechsel zu reagieren. Die meisten Chefredakteure und Herausgeber haben ihre Führungspositionen bekommen, weil sie etwas gut konnten. Ich zum Beispiel erhielt meine erste Stelle als Redaktionsleiter, weil ich im Schreiben von langen Artikeln recht gut war. Doch Spezialisten sind eben nicht notwendigerweise auch gute Führungspersönlichkeiten.

Der Psychologe Daniel Goleman schreibt in seinem Buch *Primal Leadership*: „Der größte Fehler, den ein Softwarefirma machen kann, ist es, den besten Programmierer mit der Leitung zu betrauen – ohne überhaupt zu wissen, ob er andere inspirieren und effizient kommunizieren kann. Mit recht hoher Wahrscheinlichkeit wird er scheitern."

Im Handwerk der Führung sind Mitarbeiter das Rohmaterial. Es geht darum, andere dazu zu bringen, gute Resultate zu erzielen. Es geht es um die Verwandlung von Talent in Leistung, indem Mitarbeiter motiviert und darin unterstützt werden, sich weiterzuentwickeln und im bestmöglichen Rahmen ihr Potential auszuschöpfen. Um das zu erreichen, braucht es die Leidenschaft, mit anderen Menschen zusammenzuarbeiten. Diese Leidenschaft macht auch den größten Unterschied zur Arbeit von Spezialisten mit ihren eher technischen Kompetenzen aus.

Doch Leidenschaft allein reicht für gutes Management nicht aus. Und obwohl Management gelehrt werden kann, gibt es keine Garantie dafür, dass einige Jahre an einer Business School und ein prestigeträchtiger MBA-Titel allein eine gute Führungskraft ausmachen werden. Trotzdem ist ein aktueller Management-Werkzeugkasten ebenso wichtig wie die wahrscheinlich wichtigste Qualifikation: die Fähigkeit, konstruktiv zu sein.

Der konstruktive Chef

- Er ist authentisch – er spielt keine Führungsrolle, sondern nimmt sie ein.
- Er kennt seine Stärken und Schwächen.
- Sie zeigt eine positive Einstellung.
- Sie respektiert andere.
- Er zeigt Aufgeschlossenheit und Begeisterung für Wandel und Herausforderungen.
- Er ist kreativ, offen und fleißig.
- Sie arbeitet auch mit Personen gut zusammen, die anders sind als sie.
- Sie zeigt einen Sinn für Qualität.
- Sie ist fähig zu kommunizieren, zu inspirieren und Visionen zu entwickeln.
- Er hört aktiv zu.

Die wichtigste Eigenschaft einer Führungskraft ist die Sensibilität dafür, was mit einer Belegschaft und Organisation geschieht, wenn sie verändert werden soll. Schlechte Führungskräfte glauben, dass sie am besten durch Sicherheitsversprechen motivieren können. Oder sie glauben ganz im Gegenteil, dass sie nur ausreichend Druck ausüben müssen, damit die Mitarbeiter ihr Bestes geben.

Ich bin der Auffassung, dass eine gute Führungskraft auf vier Ebenen, die in jedem Unternehmen unterschiedlich stark gewichtet sein können, agieren muss, um Kreativität zu fördern und gute Ideen zu verwirklichen:

Sicherheit Das ist die wichtigste Ebene. Jeder braucht das Gefühl, willkommen zu sein und geschätzt zu werden. Die Kommunikation im Unternehmen muss aufrichtig und respektvoll sein. Es ist in Ordnung, Fehler zu machen, weil man aus ihnen lernen kann. Die Arbeitsbedingungen müssen gut sein, das Gehalt angemessen und pünktlich kommen. Das Essen in der Kantine sollte schmecken...

Das Ziel Das ist die Richtung, die ein Unternehmen zusammen mit seinen Mitarbeitern einschlägt und aus der heraus sich die einzelnen Aufgaben und Zuständigkeiten für jeden Mitabeiter ergeben. Bei *DR* legen wir sowohl Wert darauf, unserem Publikum gute Geschichten zu erzählen als auch darauf, dass wir unsere Arbeit gern machen. Denn wenn es keinen Spaß macht, zur Arbeit zu gehen, entstehen auch keine guten Geschichten, und wenn wir keine guten Geschichten mehr erzählen könnten, würde uns das demotivieren und letztlich Zuschauer kosten.

Feedback Das Feedback muss permanent und in beide Richtungen erfolgen. Erzählen wir gute Geschichten und macht uns das hier Spaß? Das muss täglich zur Diskussion gestellt und nicht nur in den Jahresberichten beantwortet werden. Wie geht es uns mit unserer Arbeit? Sind alle Beteiligten mit den getroffenen Vereinbarungen zufrieden? Wenn nicht, müssen wir die Ziele erneuern, Fortbildungen anbieten, den Arbeitsablauf abändern. In Management-Schnellkursen haben wir gelernt, Mitarbeiter erst zu loben, dann zu kritisieren, und dann wieder zu loben. Aber es ist nicht gut, wenn wir nicht aufrichtig sind.

Druck: Es muss Konsequenzen geben, wenn die vereinbarten Ziele nicht erreicht werden. Nicht erbrachte Leistung belastet unter Umständen die Kollegen, die deswegen zusätzliche Arbeit übernehmen müssen. Wenn unterstützende Angebote nichts fruchten, dann gehört ein Mitarbeiter vielleicht doch nicht ins Unternehmen. Er wird von uns bezahlt, und die Bezahlung muss schließlich auf einem Gegenwert beruhen.

Wenn eine Führungskraft alle vier Ebenen der Motivation angemessen einsetzt und mit allen Mitarbeitern über die gemeinsamen Ziele im Dialog bleibt, verbessert sich das Arbeitsklima erheblich.

Wenn eine Führungskraft Wandel umsetzen will, sollte sie zwei Bilder verstehen und kommunizieren:

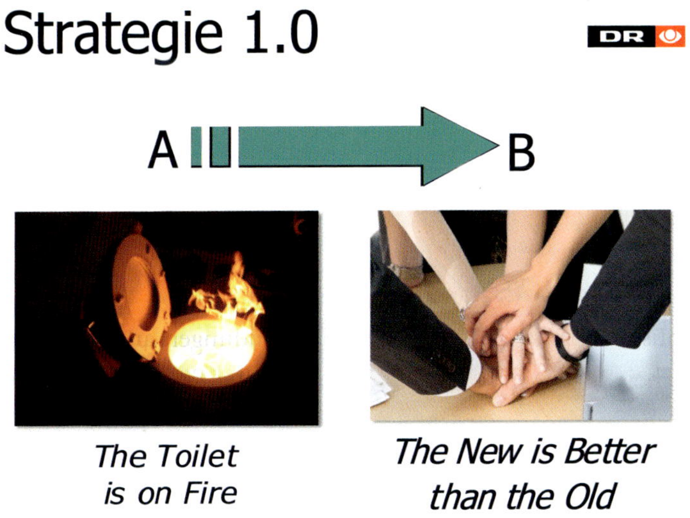

Das erste nenne ich „Das Klo brennt". Das ist eine dänische Redewendung, die wahrscheinlich nicht gut übersetzt werden kann, aber ihr Sinn ist sicher verstandlich. Wenn man von unten keine Hitze abbekommt, kann man gemütlich sitzenbleiben... Wenn man allerdings nur die Flammen im Klo zeigt und beispielsweise die Litanei von den sinkenden Auflagenzahlen und Verkaufseinnahmen wiederholt, wird das die Zuhörer nur deprimieren. Apathie und Depression motivieren jedoch nicht, ganz im Gegenteil. Und es ist nicht besonders angenehm, lethargisch an einem Ort zu bleiben, der gerade brennt... Daher sollte die Führungskraft das zweite Bild einsetzen: Einen realistischen Traum, dass das Morgen besser sein kann als das Heute. Um vom ersten zum zweiten Bild zu kommen, müssen Strategien eingesetzt werden. Die erfolgreiche Implementierung einer Strategie verlangt eine klare Vorstellung darüber, wo man steht und wohin man kommen will. Und sie verlangt, dass der Mitarbeiterstab bei der Gestaltung des Weges einbezogen wird.

Viele Chefredakteure können berichten, wie schwierig ihre ersten Jahre im Management waren. Sie mussten bald einsehen, dass man Journalisten unter den derzeitigen schwierigen Bedingungen nicht führen kann, indem man lediglich die eigene Autorität aufführt oder indem man sie einfach tun lässt, was sie immer getan haben – und nur ein bisschen auf das Tempo drückt.

Wenn ein Chefredakteur nicht verinnerlicht hat, dass die herkömmlichen Methoden der Berichterstattung die Kunden vergraulen, weil sie ein falsches und viel zu negatives Bild der

Welt verbreiten, wird der Redaktionsstab automatisch gegen die Idee von Constructive News ankämpfen. Sie wird als Angriff auf die journalistische Identität und die Grundidee der kritischen Berichterstattung verstanden werden. Doch selbst wenn die neue Vision gut präsentiert werden kann, vollzieht sich der Wandel nicht problemlos. Denn neue Ideen werden anfangs häufig ignoriert und dann lächerlich gemacht. Und auch wenn sie diese ersten Angriffe überstanden haben, treffen sie meist weiter auf harten Widerstand. Setzt sich die Idee aber dank eines Zufalls oder durch schiere Hartnäckigkeit durch und geht in die normale Tagesordnung ein, wird häufig gesagt, dass sie nicht wirklich neu war, und dass es ja schon immer so gemacht wurde.

Der konstruktive Ansatz in unserer Redaktionskultur und in unseren Nachrichten bei *DR News* hat dazu geführt, dass bei uns ein wesentlich besseres Arbeitsklima herrscht und wir insgesamt ein positiveres Feedback erhalten. Der Weg dahin war jedoch nicht immer gerade.

Bist du verrückt?

Als ich 2008 in der dänischen *Politiken* meine Gedanken über konstruktiven Journalismus in einem Kommentar erstmals publik machte, rief das gleichermaßen Neugier, nachsichtige Milde und Kopfschütteln hervor.

Wollte ich etwa die seriösen Nachrichtenmedien in eine Art Happy TV verwandeln? Oder handelte es sich bei meinem

Text um einen konservativen Vorstoß zur Entschärfung des kritischen Journalismus? War ich gar ein naiver Tölpel, der die Welt nur noch durch die rosarote Brille sieht? Soll jetzt ein belangloser Journalismus entstehen, der feststellt, dass über allem immer schön die Sonne scheint?

In einer Master-Arbeit über Constructive News, die Fred Jacobsen, der damalige Vize-Vorsitzende des dänischen Journalistenverbandes, 2010 veröffentlichte, wurden Medienmacher zu ihrer Meinung zu diesem neuen Konzept befragt:

„Wenn ich das Wort vom ‚konstruktiven Journalismus' höre, überkommt mich das Gefühl, dass da jemand den Widerwärtigkeiten der Welt nicht ins Auge sehen kann. Da dreht sich mir persönlich der Magen um. Wir können den Dingen doch nicht einfach einen positiven Spin geben, nur um den Lesern zu gefallen. Das wäre falsch und konstruiert", sagte beispielsweise Lisbeth Knudsen, die Chefredakteurin und Direktorin der *Berlingske* Mediengruppe. Der Nachrichtenchef des dänischen Fernsehkanals *TV2*, Michael Dyrby, reagierte ebenfalls ausgesprochen skeptisch: „Es ist nicht unsere Aufgabe, Problemlösungs-Teams zu bilden."

Auch andere Journalisten äußerten ihre Ansichten zur Idee. Der ehemalige Chefredakteur der dänischen Boulevard-Tageszeitung *BT,* Peter Brüchmann, blickte in einem Blog im Juli 2013 auf seine Jahre als Nachrichtenchef zurück: „Ich gebe zu: Unsere Ausbildung hatte einen Hang zum Negativismus. Es ist besser, einen Betrüger zu entlarven, als einen Helden zu finden. In meiner Welt galt die Arbeit von Woodward und Bernstein als ein Meisterstück. Und zu Hause applaudierten wir unseren Kollegen, die Skandale aufdeckten. ... Das ist quasi die DNA des Journalismus. (Als Chefredakteur) versuchte ich, zumindest eine positive Geschichte täglich in unserer Zeitung einzuführen, wir nannten sie ‚Der Erfolg des Tages'. Wir schafften das aber nicht jeden Tag, und das Projekt verstarb dann leise und viel zu früh nach langer Krankheit. Nicht gerade ein Erfolg."

Das interessanteste Beispiel für Widerstand gegen Constructive News zeigte sich, als wir in unserer Late-Night-Show Deadline die dänische Version des Buches diskutierten. *Deadline* lud einen der besten dänischen Kritiker ein, der schon viele öffentliche Debatten angezettelt hatte, mit mir zusammen im Studio die Idee der Constructive News zu besprechen. Innerhalb von nur neun Minuten wurde ich beschuldigt, eine rechtsgerichtete Politik zu verfolgen, ein nordkoreanischer Kommunist zu sein oder als eine Art Terminator des Journalismus aufzutreten, der die Absicht hat, die kritische Berichterstattung niederzumachen. In der Debatte sah ich für mich nur die Alternative, aus ihr entweder einen Stierkampf zu machen und meinen Gesprächspartner, der mit seiner Aggressivität jede Diskussionsgrundlage zerstörte, ebenfalls zu attackieren. Doch damit hätte ich meiner eigenen konstruktiven Botschaft widersprochen. Oder ich konnte versuchen, mich zu verteidigen, und mir die Zeit nehmen zu erläutern, was konstruktiver Journalismus eben nicht ist. Ich weiß nicht, ob es in dieser Debatte überhaupt einen Gewinner oder einen Verlierer gab. Wenn, dann war sicher nicht ich der Gewinner. Wahrscheinlich haben aber unsere Zuschauer verloren. Vielleicht war es alles in allem ja eine unterhaltsame Show, aber sie konnten bei all dem Streit sicher kaum nachvollziehen, um was es bei Constructive News eigentlich geht. Ich frage mich, ob Politiker und andere Gäste von Fernsehdebatten das gleiche Gefühl von Leere verspüren wie ich, wenn sie aus dem Nachrichtenstudio kommen, ohne eine Chance erhalten zu haben zu erklären, was sie eigentlich meinten.

Dieses Beispiel zeigt, dass die Einführung von Constructive News bei *DR* nicht auf Anhieb gelang. Der Redakteur Kristian Sloth, einer der erfahrensten investigativen Reporter bei *DR*, erinnert sich an die interne Reaktion auf die neuen Ideen in der Nachrichtenredaktion: „Wir dachten, du bist verrückt." Sloth wird von Politikern und in der Wirtschaft für seinen unnachgiebigen und oft aggressiven Journalismus gefürchtet. Er hat mehrere Preise für seine Berichterstattung gewonnen. Sein Interview mit einem Politiker der dänischen Regierung, der im Verlauf der Fragen vor laufenden Kameras ausrastete, ist noch immer eines der meistgesehenen dänischen Videos auf YouTube.

Sloth hatte den Mut auszusprechen, was die meisten seiner Kollegen innerhalb und außerhalb von *DR* über Constructive News dachten, als sie 2008 eingeführt wurden: „Wir rissen Witze darüber, weil diese Idee wirklich provokant ist für Redakteure, die aufdeckend arbeiten wollen. Zumal wir ohnehin schon mit immer mehr Spindoktoren und PR-Beratern zu tun haben, die uns davon ablenken wollen, die Wahrheit zu enthüllen. Die Macht versucht immer, ein gutes Bild von sich selbst zu zeichnen – und wir müssen diesen schönen Schein entlarven. Wir waren uns einig, dass wir nicht über all die Flugzeuge berichten brauchen, die keine Unfälle haben, sondern nur über das, das gerade abgestürzt ist. Und das meine ich nach wie vor.

Aber ich muss sagen, dass ich jetzt besser verstehe, um was es dabei geht. Journalismus muss die Wahrheit auffinden, und sich dazu oft den fehlerhaften Dingen zuwenden. Doch die Schattenseite ist eben selten die ganze Wahrheit, denn es gibt häufig auch eine gute Seite. Unsere Berichterstattung muss ausgewogener werden, wenn wir unserer Verantwortung gegenüber der Allgemeinheit nachkommen wollen. Wenn wir immer nur die Probleme beleuchten, lassen wir unsere Zuschauer im Dunkeln. Wir müssen tatsächlich mehr tun und auch nach Lösungen suchen. "

Sloth war übrigens der Redakteur, der über die Probleme in der dänischen Schweinemast schrieb und das Beispiel aus den Niederlanden recherchiert hatte: „Nach etlichen Jahren der Berichterstattung über die Schattenseiten der modernen Landwirtschaft – und glaub mir, sie sind zahlreich – war es ein gutes Gefühl, diese konstruktive Geschichte über den Landwirt zu erzählen, der mit seiner einfachen Methode bald fast vollständig auf Antibiotika verzichten konnte. Es war gut, diese konstruktive Geschichte zu bringen, die ja ziemlich schnell die ganze Branche inspiriert hat. Constructive News ist keine Schön-Färberei, die vorgaukelt, dass alles gut ist. Bevor man nach Lösungen sucht, muss man schließlich das Problem verstanden haben. Constructive News enthalten also das Problem, aber sie führen einen Schritt weiter. Constructive News haben *DR* beeinflusst. Manchmal lachen wir immer noch darüber, aber trotzdem zeigen jetzt immer mehr Geschichten von *DR News* eine gute Seite oder sogar eine Lösungsmöglichkeit auf."

„Enthüllungen, die sich ganz auf die Figur eines Übeltaters konzentrieren, sind nicht die einzige Methode, Geschichten aufzuziehen. Tatsächlich kann die Wirkung viel stärker sein, wenn der Zuschauer feststellt, dass ein Bericht Pro und Kontra darstellt, und wenn er sich daraufhin eine fundiertere Meinung bilden kann."

Wo ist das Problem?

„Die Veränderung einer journalistischen Kultur braucht Zeit, sie beginnt mit einem Wandel in der Journalisten-Ausbildung", meint Jens Otto Kjaer Hansen, der Dekan der *Danish School for Media and Journalism in Aarhus*.

„Die kritische und negative Tradition ist so gründlich verankert, dass allein die Verwendung des Begriffs ‚konstruktiv' in Verbindung mit Journalismus leicht dazu führt, dahinter unintelligente, rein positive Berichterstattung zu vermuten. Auch die meisten Lehrer an der Journalismus-Schule sind durch diese Tradition geprägt. Die Studenten, die sich hier einschreiben, haben ihre Meinung darüber, was richtiger Journalismus ist, dadurch gebildet, dass sie ihn täglich konsumieren."

Kjaer Hansen erläutert, dass die Journalismus-Ausbildung sich derzeit schon grundlegend verändert: „Viele Bürger haben in ihrem Privatleben und auch bei ihrer Arbeit zu sehr positiven und lösungsorientierten Einstellungen gefunden, was wir unserer negativen Tradition entsprechend in unserem Beruf oft ignorieren. Im Internet erzielen Inhalte, die zeigen, dass sich die Leute untereinander helfen, viel mehr Klicks als Hass-Seiten. Daher ist auch das Potential für Crowdsourcing, Bürgerbeteiligung, im konstruktiven, kritischen Journalismus ziemlich groß."

Griesgrämigkeit als Selbstzweck

Mit dem Motto „Griesgrämigkeit als Selbstzweck" könnte man die frühere Nachrichtenkultur von *DR News* wahrscheinlich recht gut beschreiben. In vielen Medienunternehmen, die ich in der ganzen Welt besucht habe, ist das Wort ‚Feedback' ein tägliches Mantra, etwas, von dem man (den Chefs zufolge) gar nicht genug bekommen kann. Viele Redaktionskonferenzen beginnen mit einer Verunglimpfung der Arbeit von anderen. Man kritisiert viel: die gestern gemachten Fehler, schlechte Storys, die nur publiziert wurden, weil Abteilungen x nicht fähig und die Planung unterirdisch gewesen ist. Wenn sich dann am Ende alle so richtig schön wertlos fühlen, wird der Konferenzleiter mit Sicherheit fragen: „Na, und gibt es schon irgendwelche guten Ideen für morgen?" Kein Wunder, wenn dann erst mal alle schweigen.

Ich habe viele Jahre in meinem Leben als Chefredakteur versucht, meinen Posten dadurch zu legitimieren, dass ich dem

Verlangen der Journalisten nach mehr Feedback nachkam. Erst allmählich habe ich verstanden, dass diese Bitte um Feedback eine Art Code ist, um Lob und Unterstutzung einzufordern, zum Beispiel, wenn Mitarbeiter die Arbeit von anderen übernommen hatten. Im Management ist es wesentlich effektiver, in die Diskussionen um Arbeitsprozesse einbezogen zu sein, bevor etwas gedruckt wird. Das, was gefördert und vermehrt werden soll, braucht tatsächlich offenes Lob. Um die Arbeitsleistung der Underperformer anzuheben, braucht es dagegen eine dezente Förderung und konstruktive Kritik, die nicht beschämend ist.

Barbara Frederickson ist Professor für Psychologie an der University of North Carolina und Autorin des Buches *Positivity*. Sie hat erforscht, wie sich Negativität auf die Kultur in Redaktionen auswirkt: „Mental positive Zustände erzeugen bessere Leistung, weniger Krankheit, mehr Zusammengehörigkeit, mehr Perspektiven und kreativere Ideenfindung. In keiner der Redaktionen, denen ich in zwölf Jahren angehört hatte, war Positivität ein wesentliches Element der Unternehmenskultur. Im Gegenteil, positiv zu sein wurde assoziiert mit Naivität, Blauäugigkeit und fehlender Scharfsinnigkeit. In den Verlagshäusern schätzen wir unter uns Redakteuren normalerweise den negativen Ansatz, der Fehler aufdeckt. Doch diese Haltung ist für die Medienunternehmen langfristig selbst destruktiv, weil sie die Kreativität und Leistungsfähigkeit ihrer Beschäftigten hemmt."

Kapitel 8

Vorsicht Stufe!

Fallen für Constructive News

Wenn der Wind des Wandels weht,
bauen die einen Mauern
und die anderen Windmühlen.
Altes chinesisches Sprichwort

Ob als Journalist, Chefredakteur, Politiker oder einfach als besorgter Bürger, der sich nach einer Veränderungen in den täglichen Nachrichten sehnt und zur Auffassung gekommen ist, dass in diesem Buch etwas Wahrheit steckt: Bald wird man in verschiedenen Diskussionen engagiert sein – mit sich selbst, mit Kollegen, Vorgesetzten und Personen innerhalb und außerhalb der Medien.

Deshalb hier ein paar Fallen, in die man bei der Diskussion nicht geraten sollte:

- **Constructive News sind nicht einfach positive Nachrichten.** Constructive News kritisieren den traditionellen Nachrichtenjournalismus, der die Welt mit nur einem Auge sieht. Sie behaupten aber nicht, dass es besser ist, sie jetzt einfach nur mit dem anderen Auge zu betrachten. Guter Journalismus sieht die Welt mit beiden Augen und hat den Ehrgeiz, die bestmögliche Version der Wahrheit darzustellen, um die Menschen zu motivieren, ihre eigene Meinung zu bilden.

- **Werden Sie nicht zum Politiker. Bewahren Sie Objektivität.** Constructive News machen geltend, dass eine gute Story inspirierend sein kann. Durch sie kann der Journalismus bessere öffentliche Debatten darüber anregen, was die Lösungen der Probleme sein könnten, denen unsere Gesellschaft gegenübersteht. Aber es ist nicht die Aufgabe von Berufsjournalisten zu bestimmen, welches genau die richtigen Lösungen sind. Das würde Journalismus in Aktivismus oder in Politik verwandeln. Doch genauso, wie Journalisten in der Lage sind, schlechte Beispiele zu finden, können sie nach guten Beispielen Ausschau halten.
- **Kritische Berichterstattung bleibt weiterhin wichtig.** Diktatoren und andere Gegner des kritischen, investigativen Journalismus könnten die Idee der Constructive News missbrauchen und behaupten, dass es viel zu viele negative Nachrichten gibt, und dass daher eine konstruktivere Art der Berichterstattung über sie notwendig ist. Constructive News bilden keine Alternative zur kritischen Rolle der Presse. Sie sind kein Ersatz für eine investigative Berichterstattung, die hinter die glatte Oberfläche bei korrupten Politikern, zynischen CEOs oder mächtigen Interessengruppen gelangen will. Constructive News ergänzen und korrigieren den Mainstream-Nachrichtenjournalismus. Sie richten sich dabei aber auch gegen die wachsende Überzeugung, man

müsse jeder Form von bürgerlicher Autorität grundsätzlich misstrauen und den Dingen immer nur skeptisch und misstrauisch gegenübertreten.

- **Constructive News sind nicht konservativ.** Skeptiker behaupten, dass Constructive News von Natur aus konservativ sind und sich gegen den Liberalismus oder revolutionäre Gruppen richten. Das ist nicht der Fall. Constructive News gehören keiner politischen Richtung an. Solange Journalisten nicht versuchen zu definieren, was genau besser ist, bleibt ihre Suche nach Lösungen politisch neutral.
- **Leicht zu fordern, schwer umzusetzen.** Redakteure und Korrespondenten aus Ländern, in denen fundamentale Probleme anzutreffen sind wie Kriege, Hunger oder eine hohe Kindersterblichkeit werden vielleicht sagen, dass Constructive News sich eher für Nachrichtenmedien in Wohlfahrtsstaaten wie in Skandinavien eignen, wo Studien zufolge ohnehin schon die glücklichsten Bevölkerungen der Welt leben. Das kann tatsächlich der Fall sein, da Constructive News sich nicht vor wichtigen Problemen verschließen sollen. Doch ein Fokus auf diese Probleme darf nicht als Ausrede dafür dienen, generell keine Ressourcen für Constructive News aufbringen zu wollen. Denn je größer die Probleme, desto größer auch die Notwendigkeit, Debatten darüber anzustoßen, wie sie gelöst werden könnten. Es geht darum, Beispiele für Best Practice zu finden, zu Hoffnung zu inspirieren und etwas Licht ins Dunkel zu bringen. Wenn News per definitionem das Ungewöhnliche, Außergewöhnliche

betreffen, sind gerade in Gebieten mit vielen Problemen Constructive News die eigentlichen Nachrichten.

- **Besser keine zu strikten quantitativen Vorgaben für Constructive News.** In Südafrika begann der von der Regierung neu ernannte Generaldirektor des öffentlichen Senders SABC seine Karriere mit der Vorgabe, dass 80 Prozent der Berichterstattung über Südafrika positiv sein sollten. Vielleicht war er ein begeisterter Anhänger von Constructive News. Aber da er von der Regierung unter Führung des ANC bestellt war, konnte man ihm auch leicht vorwerfen, die positivere Berichterstattung sollte vor allem seinen politischen Freunden dienen.
- **Constructive News stehen für ein Sowohl-als-auch.** Die Amerikaner haben einen hübschen Ausdruck: „Die Tyrannei des Entweder-oder". Er beschreibt einen rhetorischen Trick, der oft benutzt wird, um Aspekte in Diskussionen abzuschießen. „Was ist wichtiger: Inhalt oder Form?", „Sind Sie kritisch oder konstruktiv?", „Ziehen Sie schwarz oder weiß vor?" Wenn man hier nicht aufpasst, fühlt man sich schnell zu einer Entscheidung gedrängt. Constructive News sind aber keine Alternative zu kritischer Berichterstattung.
- **Nicht aufgeben.** Experimentieren wir mit neuen Ideen, neuen Fragen, neuen Ansätzen und neuen Wegen. Finden wir heraus, was funktioniert und was korrigiert werden muss. Finden wir Mitstreiter, teilen wir Beispiele, verwenden wir Best Practice.

Kapitel 9

Und jetzt?

Wie starten?

Als Redakteur, der seinen Chef überreden will, mehr Constructive News einzusetzen, kann man es mit dem Argument der Erfahrung versuchen:

- Versuchen Sie, Ihrer nächsten Geschichte einen konstruktiven Ansatz hinzuzufügen und verfolgen Sie die Reaktionen der Leser, Zuschauer und Hörer. Geben Sie Ihre Erfahrungen weiter.
- Finden Sie einen Mitstreiter innerhalb oder außerhalb der Redaktion.
- Führen Sie einen Workshop durch, der die Berichte des Tages analysieren soll. Wie viele Geschichten handeln von Konflikten, Dramen, befassen sich mit Opfern oder Tätern? Fragen Sie sich, ob Sie diese Geschichten selbst gern lesen/sehen/hören würden, wenn Sie dafür nicht bezahlt würden. Und Ihre Kinder oder die Nachbarn? Schauen Sie noch einmal auf Ihre Geschichten: Wie könnte man sie konstruktiver aufziehen, wie könnten sie mit Lösungsmöglichkeiten oder Best Practice verknüpft werden, oder wie könnte man eine Debatte darüber eröffnen, welche Auswege möglich wären? Wie würden Sie hier das Publikum einbeziehen?

- Schlagen Sie Ihrem Chefredakteur und den Kollegen vor, dass Sie eine konstruktive Geschichte publizieren. In der kommenden Woche schlagen Sie vor, sich einen Tag lang oder in einer Abteilung intensiv mit Geschichten zu befassen, die nach Lösungen und nicht nur nach Problemen suchen, einfach nur um zu lernen.
- Verteilen Sie Lob: Chefs sind auch nur Menschen. Sie werden gerne hören, dass sie mutig und visionär sind. Sie müssen daran erinnert werden, dass auch sie selbst Journalisten sind, die mit relevanten Berichten zum Wohlergehen der Gesellschaft beitragen können. Das klingt ermutigender, als all die Probleme rund um Sparmaßnahmen und Gewerkschaftsversammlungen und die damit verbundene Management-Rhetorik, die chronisch Zeit und Engagement rauben.

Wenn Sie ein leitender Redakteur sind, der seine Mitarbeiter ermutigen will, konstruktiver zu sein:

- Verweisen Sie immer wieder auf die sinkenden Auflagenzahlen und Ratings. Stellen Sie die Frage, ob diese roten Zahlen nicht auch mit den journalistischen Gewohnheiten im Hause zu tun haben könnten.
- Stellen Sie das Prinzip der Constructive News vor. Zitieren Sie skeptische und erfahrene Redakteure, die inzwischen ebenfalls Constructive News praktizieren. Laden Sie Referenten ein oder besuchen Sie Redaktionen, die schon mit Constructive News arbeiten. Experimentieren Sie: Machen Sie Workshops, führen Sie einen ‚Tag des Ja' ein, eine Good

News Sektion, eine Reihe, die das Publikum einbezieht oder machen Sie es sich zur Angewohnheit, regelmäßig Ideen für die Lösung der Probleme zu dokumentieren, die sie beschrieben haben.

- Bestärken Sie das Verhalten, das Sie fördern wollen. Stellen Sie die besten konstruktiven Geschichten positiv heraus.
- Laden Sie zu einem permanenten Feedback ein.
- Posten Sie alle positiven Reaktionen von Lesern, Zuschauern und Zuhörern. Berichten Sie, wenn Ihre Kinder plötzlich freiwillig und gern in Ihrer Zeitung lesen oder Ihre Sendungen anhören oder sehen.

Und wenn Sie ein Politiker sind, der nun hofft, dass die Journalisten Ihnen endlich mehr Sendezeit geben:

- Kümmern Sie sich nicht um Constructive News. Konzentrieren Sie sich auf sich selbst. Wie wäre es, zukünftig genau das auszudrücken, was Sie selbst denken, statt zu wiederholen, was Ihnen Ihr Spindokctor geraten hat, um kompetent zu wirken ? Wie wäre es, Zeit und Energie dafür aufzubringen, gute Ideen zu präsentieren, statt die schwachen Argumente Ihres Gegners zu suchen?
- Schicken Sie dieses Buch an eine Redaktion in Ihrer Nähe. Anonym.

Seien Sie konstruktiv.
Teilen Sie Ihre Erfahrungen mit mir.
Viel Glück.

Epilog

Warum eine Master Class für konstruktiven Journalismus?

Ich leite die *EUROVISION ACADEMY*, das Berufs-Ausbildungszentrum der 74 Mitglieder der *Europäischen Rundfunkunion.* Sie ist ein Ort der Veränderung und der Weltoffenheit, hier werden Ideen ausgetauscht. Unsere Master Classes fördern neue Talente in Medienberufen, indem sie ihnen die notwendigen Kompetenzen für das digitale Zeitalter vermitteln. Wir unterrichten effektiv und originell das entscheidende Wissen von morgen.

Konstruktiver Journalismus gehört zu diesem Wissen. Warum? Das Nachrichten-Publikum ändert sich. Es ist sowohl sprunghafter als auch engagierter geworden. Die Zuschauer und Zuhörer möchten relevante Informationen. Sie wollen Zusammenhänge verstehen und wissen, warum etwas geschieht, warum Menschen sich auf diese oder jene Weise verhalten.

Konstruktiver Journalismus ist eine neue Denkweise, mit der drängende Themen der Gesellschaft angegangen werden können. Er vermittelt inspirierende Geschichten, die nach Lösungsansätzen suchen, und richtet den Blick nicht mehr nur auf Probleme und Traumata. Das Publikum will nachvollziehen können, warum die öffentlichen Medien für Qualitäts-Journalismus stehen: Was bedeuten Nachrichten und welche sind unsere Werte?

Konstruktiver Journalismus zeigt welche Bedeutung der Qualitäts-Journalismus der öffentlichen Medienanstalten für die Gesellschaft hat. Er verleiht unseren Nachrichten einen klaren Sinn. Er berücksichtigt auch, dass sich die Öffentlichkeit wesentlich stärker beteiligen will. In der globalen Medienwelt möchte sich das Publikum zunehmend in Verbindung mit anderen Menschen sehen.

Konstruktiver Journalismus macht Nachrichten-Geschichten reichhaltiger und detaillierter, er regt das Publikum dazu an, Inhalte zu diskutieren und zu teilen und bezieht einzelne Communities sogar direkt mit ein. Konstruktiver Journalismus schafft neue Werte für öffentliche Nachrichtenmedien und hilft, sie einzigartig zu machen.

Unsere erste Meisterklasse für konstruktiven Journalismus organisierte ich 2014 bei DR in Kopenhagen. Ich hoffe, dieses Buch wird dazu beitragen, dieses Wissen bei unseren Kursteilnehmer und bei andere Interessierten weiter auszubauen

Nathalie Labourdette, EUROVISION ACADEMY, Genf

Die Notwendigkeit von Medien-Empowerment

Ob Zeitung, Social Media, TV oder Radio: Medien tragen zu unserem Empowerment bei. Sie liefern uns Informationen, die für unser tägliches Leben Bedeutung haben, sie machen uns auf Trends aufmerksam, die unsere Welt verändern, sie eröffnen Debatten und ziehen Entscheidungsträger zur Verantwortung. Wir brauchen Zugang zu Fakten. Wir brauchen verschiedene Standpunkte, und wir wollen Erfolge sehen, die uns zum Handeln ermutigen. Das ist die Grundlage von Demokratie und Fortschritt.

Bekommen wir das auch?

Nach Ulrik Haagerups Analyse nicht. Dem stimme ich zu. Ich glaube fest daran, dass es entscheidend ist, einen Journalismus zu entwickeln, der unseren Ansprüchen stärker gerecht wird.

Nie zuvor gab es einen so umfassenden Informationsfluss und so viele Möglichkeiten zur Bürgerbeteiligung. Und doch fühlen sich viele Menschen durch die Nachrichten entmutigt, von ihrer politischen Führung enttäuscht und ausgeschlossen von den Prozessen der Entscheidungsfindung. Die daraus entstehende Apathie und Gleichgültigkeit hat einen negativen Einfluss auf die Demokratie.

Ein neuer Journalismus ist für uns als Einzelne ein Anliegen, aber er hat auch Einfluss darauf, wie wir eine bessere Welt gemeinsam gestalten können. Die Informationen, die wir erhalten, bestimmen unsere Entscheidungen. Und mehr als je zuvor müssen wir nachhaltige Entscheidungen treffen. Eine eindimensionale Weltsicht, die Komplexität ignoriert und die vielfältigen Herausforderungen beschönigt, können wir uns hierbei nicht leisten.

Die Debatte über die Qualität des Journalismus ist von fundamentaler Bedeutung für die Vereinten Nationen und für uns alle: Meinungsfreiheit und Zugang zum Wissen sind entscheidend bei all unseren Anstrengungen, den Frieden zu fördern, gleiche Rechte und Wohlergehen zu ermöglichen. In einer Welt mit sieben Milliarden Menschen entsteht eine Kakophonie von Stimmen, die oft schlecht informiert und von einseitigen Interessen geprägt sind. Hier brauchen wir Medien, die ihren Bildungsauftrag ernst nehmen und als ein Gegengewicht zur Macht dienen.

Wir werden zunehmend Zeugen, wie Regeln ungestraft gebrochen werden: Überall entstehen neue Konflikte oder halten alte Konflikte an, junge Mädchen werden gekidnappt und als Geiseln gehalten, Abfälle werden in unsere Ozeane gekippt, Journalisten werden zum Schweigen gebracht und Passagierflugzeuge abgeschossen. Dazu kommen Abhöraktionen und Zensur. Führung bedeutet auch, globale Verantwortung zu übernehmen. Wenn es aber der Sicherheitsrat nicht schafft, bei Verletzungen des internationalen Friedens und der Sicherheit zu handeln, wie können wir dann von anderen Institutionen noch erwarten, Regeln einzuhalten?

Es gibt keine Stabilität ohne Solidarität, und keine Solidarität ohne Stabilität. Wir müssen uns auf unsere geteilten Werte zurückbesinnen, und das ist nur möglich, wenn unsere führenden Politiker und Organisationen ein Beispiel geben, dem wir folgen können. Deshalb brauchen wir verantwortliche Medien, die uns stärken. Wir brauchen konstruktive Alternativen im gegenwärtigen Nachrichtenstrom.

Ulrik Haagerup steht an der Spitze einer Debatte über eine konstruktivere Rolle der Medien in der heutigen Welt. Oft heißt es, dass wir genau die Medien und politischen Führungen haben, die wir verdienen. Es liegt also in unserer Verantwortung, dass wir bessere Medien bekommen. Durch sie erhalten wir ein Empowerment. Constructive News unterstützen uns dabei, Prioritäten und Wahlmöglichkeiten abzuwägen. Das ist nicht nur in den Medienberufen, sondern auch in der Politik und bei jedem Einzelnen von uns nötig.

Michael Møller
General-Direktor im Büro der Vereinten Nationen in Genf

Literatur-Tipps

Frank J. Barrett, Ronald E. Fry: Appreciative Inquiry – A Positive Approach to Building Cooperative Capacity. Chagrin Falls, Ohio: Taos Institute Publications. 2005.

George S. Day, Paul J.H. Shoemaker: Peripheral Vision – Detecting the Weak Signals That Will Make or Breake Your Company. Watertown: Harvard Business Review Press. 2006.

Peter H. Diamandis: Abundance – The Future Is Better Than You Think. New York: Free Press. 2012.

Malmcolm Gladwell: David & Goliath – Underdogs, Misfits and the Art of Ballting Giants.

Vincent F. Hendricks, Pelle G. Hansen: Infostorms – How to Take Information Punches and Save Democracy. Cham: Copernicus. 2014.

Walter Isaacson: Steve Jobs. New York: Simon & Schuster. 2011.

Steinar Larssen: Når nyheter skaber engstelse (nur auf Norwegisch). Oslo: Cappelem Damm/IJ-forlaget. 2014.

C.K. Prahalad, M S Krishnan: The New Age of Innovation – Driving Co-Created Value Through Global Networks. New York: McGraw-Hill. 2008.

Tom Rosenstiel et al: We Interrupt This Newscast – How to Improve Local News and Win Rating, Too. New York: Cambridge University Press. 2007.

Hans Rosling: Don't Panic – www.gapminder.org

Roland Schatz et al: Trust Meltdown – The Financial Industry Needs a Fundamental Restart. Rapperswil: InnoVatio Publishing Ltd. 2010.

Michael Schudson: The Power of News. Cambridge, Mass.: Harvard University Press. 1995.

Marc Siegel: False Alarm – The Truth about the Epidemic of Fear. Hoboken: John Wiley & Sons. 2005.

Robert I. Sutton: Good Boss – Bad Boss – How to Be the Best and Learn from the Worst. New York: Business Plus. 2010.

Michael Useem: The Go Point – When it's Time to Decide. Knowing What to Do and When to Do It. New York: Crown Business. 2006.

Biographie

Der 1963 geborene Ulrik Haagerup ist Nachrichtenchef von DR. 1990 gewann er den Cavling-Preis, den wichtigsten Medienpreis Dänemarks. 2012 wurde ihm der dänische Dannebrogorden verliehen. Ulrik Haagerup ist ein leidenschaftlicher und engagierter Journalist. Daneben hält er weltweit Vorträge über Managementthemen.
Er ist der Autor von „A Good Idea – Did You Get it?" (2004) und „Constructive News: A Confrontation with the Negative Worldview of the Press" (2012). 2008 war er Teilnehmer des *Global Agenda Council on the Future of Journalism* beim Weltwirtschafts-Forum. Von 1994 bis 2007 war er Chefredakteur der *Jyllands-Posten* und bei *NORDJYSKE Media*. In den Jahren 1986 bis 1994 arbeitete er als investigativer Journalist und Senior Managing Editor der *Jyllands-Posten*. Seine journalistische Ausbildung absolvierte er unter anderem als John S. Knight Fellow an der Stanford University, am Stanford Research Institute, an der INSEAD Business School in Fontainebleau, am International Institute for Management Development in Lausanne sowie an der Wharton School in Philadelphia.

ulrik@haagerup.com
uhaa@dr.dk
@UlrikHaagerup
#constructivenews